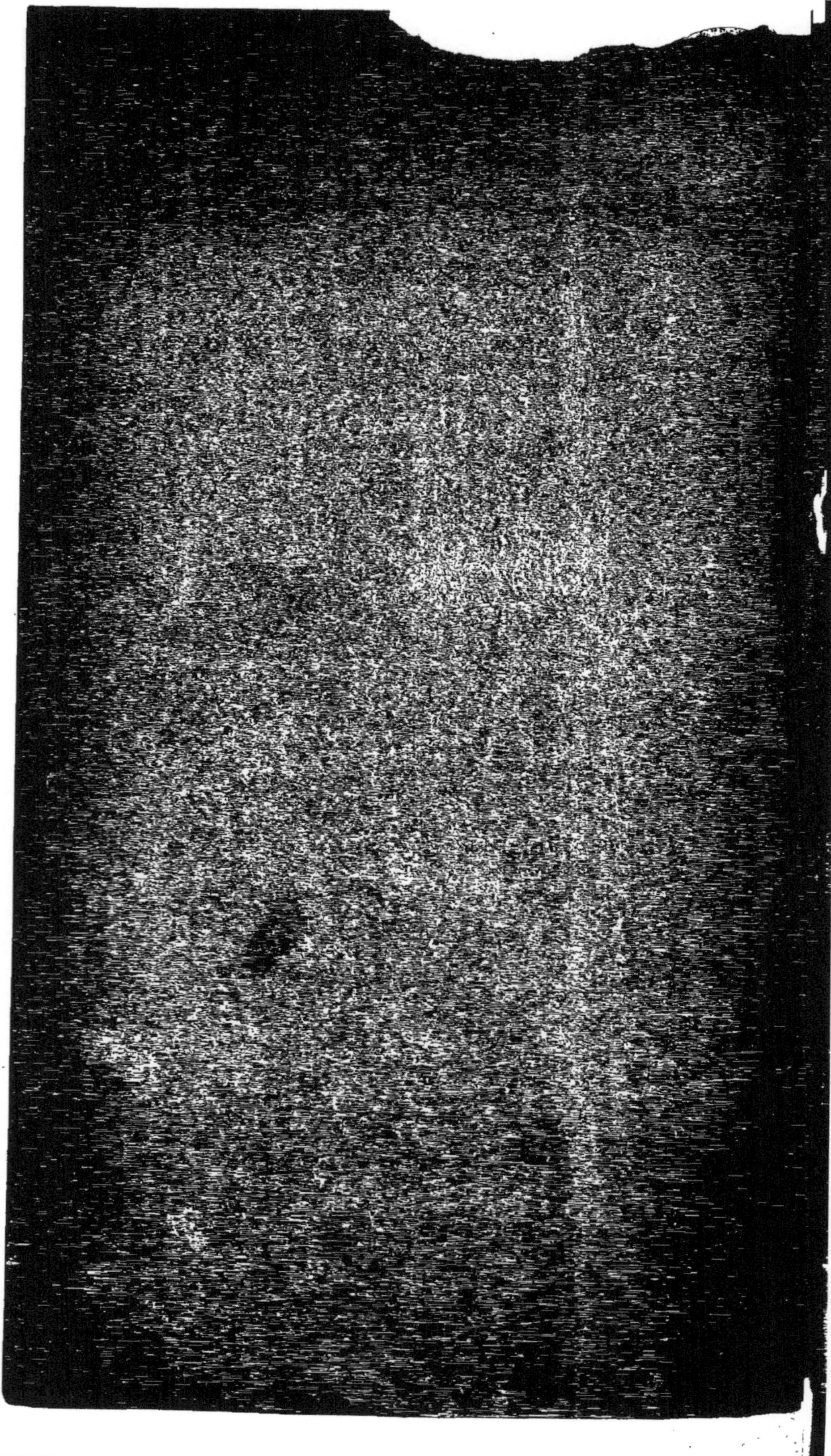

INSTRUCTION

SUR

L'ORGANISATION DU TERRAIN

À L'USAGE

DES TROUPES DE TOUTES ARMES

GRAND QUARTIER GÉNÉRAL DES ARMÉES
DU NORD ET DU NORD-EST

—

ÉTAT-MAJOR. — 3ᵉ BUREAU

INSTRUCTION

SUR

L'ORGANISATION DU TERRAIN

À L'USAGE

DES TROUPES DE TOUTES ARMES

—

PREMIÈRE PARTIE

PARIS

IMPRIMERIE NATIONALE

—

1921

TABLE DES MATIÈRES.

TITRE III.

COMBINAISON DES ÉLÉMENTS CONSTITUTIFS DE L'ORGANISATION DU TERRAIN.

2.

PREMIÈRE PARTIE.

INTRODUCTION.

La puissance toujours croissante des moyens mis en œuvre dans l'attaque et dans la défense a nécessité une transformation continuelle des procédés de combat.

L'instruction du 21 décembre 1915 sur les travaux de campagne, modifiée par des notes successives, au fur et à mesure de l'expérience acquise, ne répondait plus qu'imparfaitement aux exigences de la bataille. Une mise à jour était donc nécessaire.

Le plan général de la nouvelle Instruction, les raisons des principales modifications apportées à l'intruction du 21 décembre 1915 sont résumés ci-après :

L'Instruction sur l'organisation du terrain, ainsi appelée parce qu'il ne s'agit pas seulement de travaux, mais d'un ensemble de dispositions prévu et ordonné par le Commandement, est divisée en deux parties.

La première partie expose les règles de l'organisation du terrain et la marche à suivre pour réaliser celle-ci.

La deuxième partie est consacrée aux détails des travaux et aux procédés d'exécution.

La division en deux parties permet de mieux faire ressortir, en l'allégeant de tous les détails techniques, l'ensemble des connaissances qui, en matière d'organisation du terrain, doivent servir de base à l'instruction de tous les officiers.

La première partie est divisée en trois titres.

Le titre I fait l'exposé d'ensemble :

— des procédés de combat de l'attaque et de la défense ;

— des éléments constitutifs de l'organisation du terrain ;

— des caractères généraux que doit présenter toute organisation, dans la période actuelle de la guerre.

Il est nécessaire de rappeler tout d'abord (chapitre I) les procédés de l'attaque et de la défense : les éléments essentiels de l'organisation ainsi que le mode de combinaison de ces éléments en découlent évidemment.

Aux éléments constitutifs déjà indiqués dans l'Instruction du 21 décembre 1915 (le couvert, l'obstacle, les vues, les communications) est ajouté le *flanquement* (chapitre II).

L'importance du flanquement, les difficultés de toutes sortes qu'on rencontre pour en obtenir la réalisation, conduisent à lui donner une place prépondérante parmi les éléments dont la mise en œuvre constitue l'organisation du terrain.

L'ordre d'importance de ces éléments a été modifié de la façon suivante :

> Le flanquement ;
> Les vues ;
> Les communications et liaisons ;
> Le couvert ;
> L'obstacle.

Il est prouvé, en effet, que, soit dans la guerre de campagne lorsque le temps a manqué pour créer le couvert et l'obstacle, soit dans la guerre de position, lorsque ceux-ci ont été détruits par le bombardement, les troupes peuvent repousser une attaque à condition d'avoir des flanquements, de posséder de bonnes vues pour l'utilisation des armes, de disposer de communications pour l'exercice du commandement et le déplacement des réserves.

Le chapitre III indique comment doit être comprise actuellement l'organisation d'une position.

Deux facteurs sont ici prépondérants, ce sont :

— la puissance de l'artillérie, qui permet aujourd'hui d'entreprendre des destructions qu'il eût été impossible d'envisager autrefois ;

— la puissance des moyens d'investigation (observation et photographie aériennes) qui permet de situer et de frapper avec précision tout élément d'organisation insuffisamment dissimulé.

Dans ces conditions, *pour mettre en défaut le tir de l'artillerie et les investigations des observateurs aériens de l'ennemi, but que l'on doit se proposer tout d'abord, il est indispensable d'étaler en surface les organes essentiels de la défense, de les séparer des lignes visibles de l'organisation et de les dissimuler dans toute la mesure possible.*

Cette règle s'applique surtout aux armes automatiques dont la puissance s'affirme chaque jour davantage et sur lesquelles repose, pour la plus large part, la solidité du système.

Mais, d'autre part, cette dispersion rend plus nécessaire que jamais :

— une répartition raisonnée des moyens de la défense en vue d'obtenir l'appui réciproque des différentes spécialités et la protection des armes automatiques ;

— une bonne organisation du commandement.

Le groupement constitué par une arme automatique (éventuellement plusieurs) et par les éléments chargés de sa protection contre les attaques rapprochées a été dénommé *groupe de combat.* C'est la cellule élémentaire de l'organisation du terrain.

La réunion de plusieurs groupes de combat forme un *point d'appui,* la réunion de plusieurs points d'appui, un *centre de résistance.*

Pour ce qui concerne le réseau des terrassements superficiels qui constituent la partie apparente de l'organisation, on a été amené à modifier la terminologie.

Cette terminologie est en effet illogique et elle peut donner lieu à des confusions.

C'est ainsi que l'on a employé jusqu'ici le mot « tranchée », avec trois sens différents, pour désigner :

— un fossé organisé pour le tir ;

— un mode de travail (travail « en tranchée » c'est-à-dire les hommes déployés le long du tracé, attaquant simultanément la fouille) ;

— les lignes successives de direction générale parallèle au front que l'on rencontre dans une position.

Or,

La tranchée s'exécute, non seulement par attaque

simultanée sur un front plus ou moins grand, mais aussi «par le bout» (1). Ce dernier procédé, réservé autrefois à l'exécution de la sape, est fréquemment employé aujourd'hui pour l'exécution de la tranchée.

Dans les lignes successives de direction générale parallèle au front, on trouve non seulement des parties organisées pour le tir du fusil, mais aussi des parties non organisées pour le tir, qui ne sont utilisées que comme communications et qui ont le profil de la sape.

On pourrait faire des obvervations analogues à propos des mots «sape», «boyau».

Pour éviter toute ambiguïté, on a adopté les dénominations suivantes :

Tranchée : fossé organisé pour le tir du fusil ;

Sape : fossé organisé pour la circulation ;

Parallèle : fossé de direction générale parallèle au front ;

Boyau : fossé de direction générale perpendiculaire au front.

Ainsi désormais :

les mots «tranchée» et «sape» éveillent uniquement l'idée de profil : tranchée, profil adapté au tir du fusil ; sape, profil adapté à la circulation.

les mots «parallèle» et «boyau» éveillent uniquement l'idée de tracé général : parallèle, fossé de direction générale parallèle au front, dont le tracé est déterminé surtout par des considérations touchant à l'emploi du feu et où le profil tranchée domine mais ne règne pas exclusivement ; boyau, fossé de direction générale perpendiculaire au front, organisé surtout en vue des communications perpendiculaires au front et où, par suite, le profil sape domine mais ne règne pas exclusivement.

D'autre part, ainsi qu'on le verra plus loin, il y a deux procédés d'exécution. Ces procédés, jusqu'ici appelés travail en tranchée et travail en sape — et

____

(1) C'est-à-dire en attaquant la fouille par un bout (parfois par les deux bouts) d'un élément de tranchée ou de sape déjà exécuté et en profitant de la protection que procure cet élément. On emploie parfois, pour désigner ce mode de travail, l'expression «pied à pied». On a préféré celle de «travail par le bout» qui est plus expressive.

bien à tort puisque le mode d'exécution ne découle nullement du profil — ont été dénommés :

Travail en ligne;

Travail par le bout.

En définitive, dans le réseau des terrassements superficiels, on trouve :

si l'on considère le profil, deux catégories : *tranchée, sape;*

si l'on considère l'assiette générale, deux catégories : *parallèle, boyau;*

si l'on considère l'exécution, deux procédés : *travail en ligne, travail par le bout.*

Le mot «parallèle» a été naturellement substitué au mot «tranchée» dans les appellations servant à distinguer les organisations linéaires successives que l'on rencontre dans une position. On a ainsi la parallèle principale, la parallèle de soutien, etc.

On s'est attaché à faire ressortir le rôle dévolu dans les organisations actuelles à la parallèle et au boyau. L'importance de la parallèle comme emplacement de combat a sensiblement diminué puisqu'il est entendu que l'on sépare nettement de la parallèle la majorité des armes automatiques. D'autre part, la nécessité de l'organisation en profondeur et des actions latérales conduit à organiser des parties parfois étendues du boyau et à y relier des emplacements de combat en plein champ. Les rôles de la parallèle et du boyau se sont donc rapprochés. En fait, le réseau des parallèles et des boyaux constitue surtout aujourd'hui un système de communications à couvert qui permet d'autre part — et ce n'est pas là son moindre avantage — de dissimuler les éléments essentiels de l'organisation (abris, entrées des galeries d'accès aux emplacements de combat en plein champ, etc.).

Le Titre II est consacré à l'étude des éléments constitutifs de l'organisation du terrain.

On a tenu à définir assez longuement le flanquement, de façon à faire saisir clairement les avantages de son emploi.

Le chapitre des Communications ne se limite pas à ce qui concerne l'établissement des boyaux dans la zone de feu, mais aussi à l'ensemble du réseau de communications : routes, pistes, voies ferrées, voies étroites, communications téléphoniques, etc.

Dans le chapitre consacré au couvert (on n'envisage ici que le couvert destiné à protéger le personnel et le matériel en position de combat ou d'attente), on étudie d'abord l'organisation générale de la tranchée et celle de l'abri, puis l'aménagement et la combinaison de la tranchée, de l'abri et des emplacements de combat isolés, en vue de l'emploi des différentes armes.

Le titre III a pour objet la combinaison des éléments constitutifs de l'organisation du terrain.

Il débute par l'organisation du terrain au combat parce que :

— le problème de l'organisation du terrain au combat se pose pour toute unité, alors que la création d'une organisation loin de l'ennemi n'est plus que l'exception dans la situation actuelle ;

— développer l'aptitude à l'organisation du terrain au combat doit constituer le but essentiel des travaux d'instruction des unités.

L'exposé a été présenté de manière à faire ressortir, en particulier, les points suivants ;

La réalisation d'une organisation est une *opération militaire qui doit être conçue et conduite par le Commandement ;*

L'action du chef est ici de même nature que dans toute autre opération militaire, ses décisions se traduisent toujours sous la même forme, son rôle dans la conduite de l'exécution est toujours de même ordre.

Pour une troupe engagée, l'organisation du terrain est une forme de combat.

L'aptitude à l'emploi de cette forme du combat, inséparable des autres, s'acquiert par une instruction appropriée des cadres et des troupes.

TITRE Ier.

CARACTÈRES GÉNÉRAUX
DE L'ORGANISATION DU TERRAIN.

1. L'organisation du terrain s'impose dans toutes les situations :

— pour la préparation d'une action offensive, en vue du meilleur emploi des moyens (personnel et matériel), que l'on compte mettre en œuvre ;

— au cours d'une action offensive, pour assurer la conservation du terrain conquis ou pour reprendre l'attaque ;

— dans la défensive, pour être en mesure de résister à toute tentative de l'ennemi, depuis les actions locales menées par de faibles effectifs jusqu'aux actions menées sur des fronts étendus avec des moyens puissants.

Elle trouve son plein développement en situation défensive, au cours d'une stabilisation prolongée.

Dans une zone dont on a pu réaliser l'organisation complète en vue de la bataille défensive, les travaux complémentaires à exécuter pour être en mesure de passer à l'offensive seront d'importance relativement faible par rapport à l'ensemble des travaux existants. C'est pourquoi l'on envisage surtout, dans la présente instruction, les organisations à réaliser en vue de la défensive.

2. Il est nécessaire de rappeler tout d'abord sommairement les procédés de combat employés d'une manière générale dans l'attaque et dans la défense d'une position, d'où découlent les éléments essentiels de l'organisation du terrain et les caractères généraux de cette organisation.

CHAPITRE PREMIER.

PROCÉDÉS DE COMBAT DE L'ATTAQUE ET DE LA DÉFENSE.

I. — PROCÉDÉS DE COMBAT DE L'ATTAQUE.

3. L'attaque est précédée d'une phase de préparation au cours de laquelle l'assaillant cherche, par une action d'artillerie, à détruire ou à user les moyens de la défense :

— organisations (obstacles, points suspects des parallèles et des boyaux, abris divers, observatoires, communications, etc.);

— engins de combat que recèlent les organisations de l'infanterie (mitrailleuses, mortiers de tranchée, engins divers);

— batteries;

— personnel: harcèlement sur les communications (routes, pistes, boyaux, voies ferrées) et sur les cantonnements, dans le but de faire éprouver des pertes à l'adversaire, de gêner ses ravitaillements.

La durée de cette phase de préparation peut varier de une à deux heures à plusieurs jours suivant l'état des organisations et l'importance de l'objectif visé.

4. L'exécution consiste dans l'attaque de l'infanterie appuyée par toute l'artillerie.

L'infanterie débouche en vagues successives suivies de soutiens et de réserves qui progressent en recherchant les couverts ou les zones qu'ils supposent devoir être relativement épargnées par la réaction de l'artillerie ennemie.

Le rôle de l'artillerie de l'attaque est alors d'interdire à la défense l'emploi de ses moyens contre l'infanterie qui débouche :

— barrages mobiles suivis par l'infanterie au plus près et qui ont pour but d'empêcher l'infanterie de la défense de garnir à temps ses emplacements de combat;

— action sur toutes les organisations d'où l'infanterie de la défense pourrait avoir une action efficace sur le terrain de parcours de l'attaque (flanquements, emplacements dominants, etc., qui se trouvent dans la limite de portée des armes);

— action sur les emplacements et cheminements probables des réserves de la défense, pour empêcher celles-ci de sortir de leurs abris ou les disloquer;

— aveuglement des observatoires;

— neutralisation des batteries.

5. Le travail de l'artillerie de l'attaque, tant dans la préparation que dans l'exécution, sera puissamment aidé par l'observation aérienne. Il sera d'autant moins efficace que les organisations de la défense seront :

a) plus solides : la constitution des éléments de l'organisation (obstacles, abris, etc.) est fonction de la puissance des calibres de l'artillerie de l'attaque et du tonnage de munitions que celle-ci est susceptible de débiter;

b) moins connues de l'assaillant.

Cette dernière condition conduit :

— à éloigner les organes essentiels (emplacements de mitrailleuses, observatoires, ...) des zones où l'on peut prévoir que le tir de l'artillerie de l'attaque atteindra son maximum de densité (voisinage des tranchées et boyaux et d'une manière générale des points remarquables du terrain);

— à user systématiquement du camouflage;

— à proscrire tout type de travaux qui laisserait apparaître le plan de l'organisation et de la répartition des forces (tel serait le cas des points d'appui isolés visibles sur la photographie);

c) mieux adaptées à une entrée en action rapide des moyens en cas d'attaque (organisation soignée des observatoires et postes de guetteurs et de leurs liaisons avec les éléments à alerter, organisation des abris en vue d'une sortie facile).

II. — PROCÉDÉS DE COMBAT DE LA DÉFENSE.

6. Dès que l'assaillant manifeste des intentions offensives, une action méthodique est entreprise par la défense en vue de contrecarrer ses projets : l'artillerie y joue le rôle principal (1). (Destruction des travaux ennemis, contrebatterie, interdiction, harcèlements.)

---

(1) Mais cependant des actions offensives d'infanterie ayant pour but de vérifier certains renseignements (identifications, préparation supposée d'émissions gazeuses, etc.) ou de détruire certains travaux de l'ennemi s'imposeront généralement.

Suivant les renseignements qu'elle possède sur les intentions de l'ennemi, la défense peut procéder au renforcement de ses moyens (infanterie, artillerie, génie, aéronautique) d'après un plan préparé à l'avance (plan de renforcement).

Procédés de combat de l'artillerie.
Contre-préparation. — Barrage.

7. Lorsque l'activité de l'assaillant fait prévoir une attaque prochaine, l'artillerie de la défense entame la contre-préparation (plan de contre-préparation). La contre-préparation vise à écraser l'attaque avant qu'elle ne débouche. Elle comporte un emploi des divers matériels analogue à celui de l'artillerie de l'attaque (destruction des organisations de départ de l'ennemi et des troupes d'assaut qu'elles abritent, bombardement des emplacements des réserves, interdiction des communications, tirs sur les observatoires, contre-batterie).

Lorsque l'assaillant tente de déboucher l'artillerie de la défense s'efforce de l'arrêter par le déclenchement immédiat du tir de barrage (plan de barrage).

Si l'attaque parvient néanmoins à pénétrer dans la position, l'intervention de l'artillerie de la défense dans le combat qui s'y livre devient incertaine ou même impossible, au moins pour un certain temps; l'artillerie se borne alors à chercher à interdire la progression des réserves de l'attaque. L'infanterie de la défense ne doit plus guère compter que sur ses propres moyens : feu, résistance sur place, contre-attaque.

Procédés de combat de l'infanterie.

8. Le Feu. — Le feu de l'infanterie tire sa puissance surtout du nombre, de la capacité de tir et de la portée des armes automatiques (mitrailleuses, F. M.) et en outre des propriétés variées des autres engins qui constituent l'armement de l'infanterie : canon de 37, grenades à main, grenades V. B., engins de tranchée divers.

Le nombre, la capacité de tir et la portée des armes automatiques, et spécialement de la mitrailleuse, permettent d'échelonner ces armes assez profondément à l'intérieur de la position, circonstance favorable à leur conservation et d'assurer à la fois :

— un puissant barrage en avant du front : la majeure partie des mitrailleuses pourra y participer (flanquement, superposition de feux de front à des barrages déjà réalisés par flanquement);

— des barrages intérieurs et l'appui des contre-attaques si l'ennemi vient à s'introduire dans la position.

3.

Le feu de l'infanterie acquiert d'autre part une importance considérable du fait des difficultés que peut éprouver l'artillerie à partir du moment où l'ennemi débouche :

— le déclenchement opportun du barrage d'artillerie suppose que les batteries de barrage ne sont pas hors d'état de tirer, que leurs liaisons avec l'infanterie ou avec leurs observatoires fonctionnent, que les transmissions sont suffisamment rapides pour leur permettre de saisir le moment, souvent fugitif, où elles peuvent intervenir utilement ;

— dans le combat rapproché, l'artillerie devient impuissante au moins pour un certain temps.

La défense par le feu repose donc surtout, à ce moment, sur les armes automatiques, dont l'action peut être plus puissante, plus instantanée, moins aléatoire et mieux adaptée à la situation que celle de l'artillerie.

Le feu de l'arme automatique trouve son meilleur rendement dans l'emploi en flanquement, ainsi qu'il sera exposé plus loin.

La combinaison de l'obstacle et du feu équivaut à une augmentation de puissance du feu.

L'infanterie de la défense participe à la *contre-préparation* avec celles de ses mitrailleuses (et éventuellement avec ses canons de 37, ses engins de tranchée, etc.) qui peuvent être employées sur les organisations de départ de l'ennemi (tranchées, boyaux enfilés, pistes, points de passage obligés, etc.). Le feu atteint sa pleine intensité lorsque l'ennemi tente de déboucher ; il se transforme alors en un *tir de barrage* exécuté avec tous les moyens qu'il est possible d'y appliquer.

9. Résistance sur place. — Si l'ennemi pénètre dans la position, la mission des éléments qui ont pu conserver le terrain qu'ils étaient chargés de défendre est simple : tenir sur place par tous les moyens (feu, combat à la baïonnette).

L'expérience prouve que des groupes de faible effectif peuvent résister longtemps, même complètement entourés, et faciliter considérablement le succès des contre-attaques.

L'organisation du terrain doit se prêter à cette résistance opiniâtre par îlots.

10. Contre-attaque. — La contre-attaque ne nécessite pas de gros effectifs.

Elle a les plus grandes chances de succès si elle est effectuée dès que l'ennemi pénètre sur le terrain de la défense et si en outre elle est bien *appuyée par le feu.*

Pour que la contre-attaque soit immédiate, il est nécessaire que les troupes aient été placées à pied d'œuvre et maintenues à l'abri jusqu'au moment de leur emploi. Il faut encore que les zones de contre-attaques aient été prévues et aménagées.

L'appui par le feu sera réalisé par ces organes échelonnés à l'avance en arrière du front et susceptibles de tenir encore lorsque le front sera rompu.

La contre-attaque demande donc certains aménagements spéciaux, à prévoir dans toute organisation (abris, communications, obstacles...).

Si la contre-attaque immédiate ne réussit pas, l'opération est à reprendre après préparation méthodique.

11. L'examen des procédés de combat de la défense conduit aux conclusions suivantes :

a. La puissance de l'armement permet de réaliser les densités de feu nécessaires en avant du front avec de faibles effectifs.

Les organes de feu de l'infanterie destinés à agir en avant du front peuvent être échelonnés en profondeur. Il y a même tout avantage à les échelonner (conservation et entrée en action opportune mieux assurées, plus grande souplesse d'emploi).

Il est donc inutile d'avoir beaucoup de monde en première ligne. Une augmentation inconsidérée des effectifs de première ligne ne ferait qu'accroître les pertes sans augmenter la solidité de la défense.

C'est beaucoup plus par une augmentation des moyens de feu (artillerie, infanterie), par un emploi judicieux de ces moyens, et par une bonne liaison des armes que par le renforcement des garnisons d'infanterie que l'on augmentera la puissance de la défense.

b. L'échelonnement de l'infanterie est commandé par :

— la répartition de ses organes de feu et en particulier de ses armes automatiques (voir ci-dessus) ;

— la nécessité de limiter les progrès de l'ennemi qui aurait pénétré dans la position (garnisons fixes convenablement réparties en largeur et en profondeur : pour les raisons développées plus haut l'effectif de ces garnisons peut être relativement faible) ;

— la nécessité de reprendre le terrain perdu (troupes de contre-attaque placées en des points favorables à leur débouché et à un bon appui par le feu).

Le dispositif des organisations à réaliser découle des considérations qui précèdent.

12. Remarque. — L'esprit offensif ne doit jamais être absent des considérations qui président à la réalisation d'une organisation défensive.

Une bonne organisation défensive permet de tenir le front avec moins de monde et de grossir les effectifs destinés à des actions offensives sur d'autres parties du front.

Une bonne organisation défensive nous permet de poursuivre l'usure de l'ennemi avec la certitude que nous lui ferons subir plus de pertes que ses représailles ne pourront nous en causer ; c'est donc dans un esprit agressif que l'on doit perfectionner sans relâche les organisations défensives.

CHAPITRE II.

ÉLÉMENTS CONSTITUTIFS DE L'ORGANISATION DU TERRAIN.

13. Ces éléments sont :

Le flanquement,
Les vues,
Ses communications et liaisons,
Le couvert,
L'obstacle.

14. Le flanquement. — Le flanquement permet de battre efficacement, *avec des moyens réduits*, des bandes relativement étendues du terrain, rendant ainsi disponibles les forces nécessaires aux autres missions (attaques, contre-attaques).

Le flanquement résulte *du tracé* (1) même de l'organisation défensive dont il est un des éléments essentiels.

15. Les vues. — La mise en œuvre de l'infanterie et de l'artillerie nécessite de bonnes vues sur le terrain occupé par l'ennemi.

La puissance des armes dont dispose l'infanterie, leur utilisation en flanquement, permettent de se contenter d'un champ de tir peu étendu et de placer les organisations défensives dans des terrains couverts, sur des contre-pentes, où on ne les aurait jamais imaginées autrefois.

Par contre, le commandement et l'artillerie ont besoin d'avoir des vues aussi bien sur les abords immédiats des organisations qu'à l'intérieur des positions ennemies.

---

(1) Il faut entendre ici le mot *tracé* dans son sens le plus large de : distribution raisonnée sur le terrain des éléments superficiels de l'organisation (parallèles, boyaux, emplacements de combat établis en dehors des parallèles et des boyaux, obstacle).

Toute organisation défensive doit donc comporter de nombreux observatoires et assurer la possession des points favorables à l'observation.

16. Les communications et liaisons. — Les communications assurent les déplacements rapides et sûrs des troupes et du matériel.

Elles nécessitent :

— un réseau très complet de communications ordinaires (voies ferrées, routes, pistes...);

— un réseau de communications enterrées (boyaux et galeries).

Les liaisons (transmission des ordres, comptes rendus...) sont assurées au moyen de réseaux de transmissions électriques (télégraphe, téléphone, T. S. F., T. P. S.), d'artifices, de postes de pigeons, de relais de coureurs, etc.

17. Le couvert. — Le couvert est destiné à protéger l'homme et le matériel en position de combat, d'alerte ou de repos.

Dans la guerre de mouvement la tranchée constitue une solution suffisante du problème.

Lorsque le front se stabilise, l'attaque peut mettre en œuvre une masse d'artillerie beaucoup plus puissante, largement approvisionnée, bien secondée par l'aviation.

Le couvert fourni par la tranchée est dès lors insuffisant, en raison de sa faible résistance et surtout de l'impossibilité où l'on se trouve généralement de le dérober aux observateurs ennemis, il faut y adjoindre des *abris à l'épreuve*. En outre, le réseau visible des terrassements linéaires étant particulièrement exposé aux tirs de destruction, la nécessité apparaît d'en séparer et d'en éloigner autant que possible certains organes essentiels (emplacements de combat pour armes automatiques, observatoires, etc.).

L'abri à l'épreuve étant obligatoire, il devient indispensable de tenir compte d'un facteur nouveau: *le temps nécessaire pour sortir de l'abri et gagner la position de combat.* Il faut qu'en aucun cas l'ennemi ne puisse atteindre l'abri avant que les défenseurs n'en soient sortis, sinon ils y seront pris. Mieux vaudrait n'avoir pas d'abris que de ne disposer que d'abris ne permettant pas une sortie suffisamment prompte.

18. L'obstacle. — L'obstacle a pour but de maintenir pendant un certain temps l'ennemi sous le feu du défenseur. On doit chercher à le constituer aussitôt que possible soit en utilisant les obstacles existants, soit en le créant.

Les obstacles n'ont de valeur que s'ils sont *entièrement* battus par le feu.

CHAPITRE III.

COMBINAISON DES ÉLÉMENTS DE L'ORGANISATION DU TERRAIN.

I. — DÉFINITIONS

19. L'ensemble des installations de toutes natures (emplacements de combat, obstacles, abris, communications, etc.) organisées pour permettre aux troupes chargées de tenir un front de fournir et d'unir leurs efforts dans les meilleures conditions pour la défense de ce front constitue une *position organisée*, ou, par abréviation, une *position*.

20. On appelle *tranchée* un fossé organisé pour le tir du fusil.

On appelle *sape* un fossé organisé de manière à permettre la circulation à l'abri des vues et, autant que possible, des coups de l'ennemi.

On appelle *parallèle* un fossé dont le tracé est de direction générale parallèle au front.

On appelle *boyau* un fossé dont le tracé est de direction générale perpendiculaire au front.

Parallèles et *boyaux* ont pour rôle essentiel d'assurer les communications, particulièrement au cours d'une action, entre les divers organes qui constituent la position; ils sont en outre utilisés comme emplacements de combat, sur des longueurs plus ou moins grandes; enfin ils permettent la dissimulation des organes importants de la position (abris, entrées des galeries d'accès aux emplacements de combat en plein champ, etc...).

Les emplacements de combat recevront naturellement plus de développement dans les parallèles, dont le tracé est de direction générale parallèle au front, que dans les boyaux dont le tracé est de direction générale perpendiculaire au front; le profil tranchée (fossé organisé pour le tir) dominera dans les parallèles, le profil sape (fossé de circulation) dominera dans le boyau.

21. Les parallèles successives que l'ont trouve à partir de l'avant sont (1):

---

(1) Les dénominations adoptées remplacent celles de tranchée de 1re ligne, tranchée de soutien, tranchée intermédiaire, qui ne correspondent pas à la réalité, puisque les organisations qu'elles désignent ne présentent pas nécessairement partout le profil-tranchée et ne renferment qu'une partie des emplacements de combat.

— une *parallèle principale*, précédée d'organes de surveillance, soit isolés (petits postes), soit réunis par une parallèle dite *parallèle de surveillance*.

— parfois une *parallèle de doublement* à une distance de 20 à 40 mètres en arrière de la parallèle principale.

— une *parallèle de soutien*, établie à 150 ou 200 mètres en arrière de la parallèle principale, afin de se trouver en dehors de la zone de dispersion d'un tir dirigé sur celle-ci.

— une *parallèle des réduits*.

— des *parallèles intermédiaires* entre la parallèle de soutien et la parallèle des réduits (en nombre variable, suivant le terrain).

22. Parallèle des réduits et parallèles intermédiaires sont généralement doublées elles-mêmes d'une parallèle de soutien.

Dans certains cas, pour répondre à un besoin d'action latérale par le feu et la contre-attaque, auquel les boyaux créés d'autre part ne permettraient pas de satisfaire, on organise, sur le même type que les parallèles, des *bretelles* coupant celles-ci obliquement.

23. En dehors du réseau général des parallèles et des boyaux, et reliés avec lui par des communications secondaires, sont établis de nombreux emplacements de combat, surtout pour mitrailleuses avec troupe de protection.

24. Pour assurer le jeu concordant des moyens de la défense, les divers éléments d'une position énumérés ci-dessus sont distribués entre un certain nombre de groupements de commandement, qui sont, par ordre d'importance croissante :

> *Le groupe de combat,*
> *Le point d'appui,*
> *Le centre de résistance.*

Une *position* comporte donc des centres de résistance accolés.

Le *secteur*, groupement de commandement supérieur au centre de résistance, s'étend en général au moins sur deux positions successives. Il peut être divisé en *sous-secteurs*.

Ici, comme d'ailleurs dans toute situation de guerre, la répartition des missions se fait, sauf en raisons majeures, par unités constituées.

Les groupements de commandement ci-dessus énumérés doivent donc correspondre, en règle générale, à des unités constituées.

C'est ainsi que:

— *le groupe de combat* correspond, en principe, à la *Section*.

— *le point d'appui* correspond, en principe, à la *Compagnie*.

— *le centre de résistance* correspond, en principe, au *Bataillon*.

Etc...

Ce n'est que très exceptionnellement et pour des raisons bien définies que l'on s'écarte de cette règle.

II. — GROUPES DE COMBAT

25. Les armes automatiques, ayant une part prépondérante dans la défense des positions, forment en quelque sorte l'ossature de toute organisation défensive.

Pour que ces armes puissent agir avec leur puissance totale *dans une direction* déterminée, il est indispensable que leur protection soit assurée sur les autres directions. Ce rôle de protection appartient aux engins dont dispose l'infanterie en dehors des armes automatiques, c'est-à-dire fusil, grenades à main, V. B., engins de tranchée.

On est ainsi conduit à grouper, pour les faire agir en combinaison, des spécialistes de toutes les catégories, chacun d'eux employant son arme dans les meilleures conditions de rendement et au bénéfice de la mission donnée à l'ensemble du groupe.

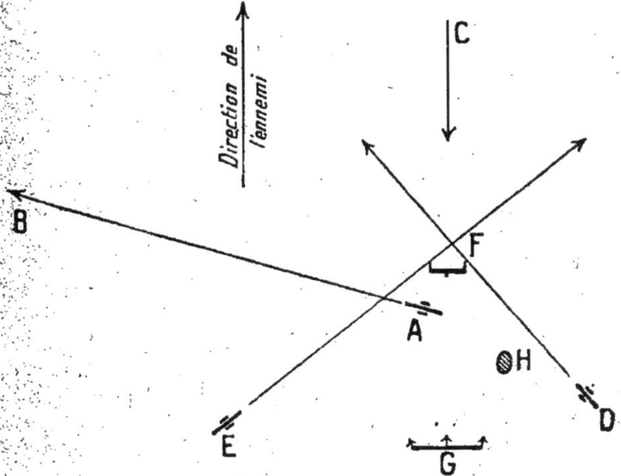

Fig. 1.

C'est ainsi qu'une mitrailleuse placée en A, avec mission de battre la direction AB, n'a pas d'action contre une attaque dirigée sur elle en partant du point C. La mitrailleuse, au contraire, ne craindra plus rien si par exemple elle est couverte par deux F. M. placés en D et en E, par un poste de grenadiers à main placé en F, par un poste de V B placé en G, enfin par un poste de voltigeurs placé en H.

La notion du combat en ligne déployée dans une simple tranchée doit donc être abandonnée pour faire place à l'échelonnement des combattants par groupes de spécialistes dans le sens de la largeur et de la profondeur.

La réunion d'un certain nombre de spécialistes combattant ensemble, sous les ordres d'un même chef et avec la même mission, constitue le *groupe de combat*.

Chaque emplacement dans lequel s'abritent et combattent les différents spécialistes du groupe (abris de mitrailleurs, tranchées, postes de grenadiers, etc.) constitue un des *éléments* du groupe de combat. Ainsi, dans le schéma précédent, les travaux effectuées en A, D, H, F, G, E, sont des éléments du groupe de combat.

Le groupe de combat est en quelque sorte la cellule élémentaire d'une organisation défensive.

Il comprend toujours une arme automatique (mitrailleuse ou F. M.) et un nombre variable de spécialistes, chargés de protéger l'arme automatique. Arme automatique et spécialistes ne peuvent remplir leur rôle qu'à la condition de pouvoir être tenus à l'abri du feu, tout au moins jusqu'au moment où ils auront à intervenir. *L'abri apparaît dès lors immédiatement comme l'élément principal de l'organisation du groupe de combat.*

La mission du groupe de combat est celle qui est donnée à l'arme automatique.

L'effectif du groupe de combat est normalement d'une section parce que la section comprend toutes les spécialités (autres que les mitrailleurs) et qu'elle permet un bon encadrement des éléments du groupe de combat. Il peut, dans certains cas, descendre jusqu'à la demi-section ou même jusqu'à l'escouade (ex. : groupe de combat ayant comme élément principal une mitrailleuse placée à assez grande distance du front).

Le groupe de combat comprend toujours, en outre des abris, un observatoire ou un poste de guetteurs et des communications pour relier entre eux les différents éléments.

Il est généralement installé à proximité d'une parallèle ou d'un boyau qui assure la communication avec les autres parties de l'organisation.

Il est couvert du côté de l'ennemi par un obstacle, il peut l'être également dans d'autres directions.

III. — POINTS D'APPUI.

26. La réunion de plusieurs groupes de combat sous un même chef constitue un point *d'appui*.

Les groupes de combat d'un point d'appui sont répartis en largeur et en profondeur. De la mission de chacun d'eux dérive la mission d'ensemble du point d'appui.

Le point d'appui a toujours une réserve, si petite soit-elle, destinée à effectuer les contre-attaques.

Il est occupé par une unité constituée, sous les ordres de son chef. L'effectif de cette unité est normalement d'une compagnie.

Il peut être entouré d'un obstacle continu et comporter un réduit.

Les différents groupes de combat d'un point d'appui communiquent à l'aide des boyaux et des parallèles.

IV. — CENTRES DE RÉSISTANCE.

27. Plusieurs points d'appui groupés en largeur et en profondeur et réunis sous le commandement d'un même chef constituent un *centre de resistance*.

Le centre de résistance est occupé par une unité constituée, qui fournit les garnisons des points d'appui et les troupes réservées. L'effectif de la garnison d'un centre de résistance est normalement d'un bataillon.

Les centres de résistance comprennent toujours un réduit.

V. — POSITIONS.

28. L'ensemble des organisations occupées par les troupes de la défense constitue la première position.

L'artillerie est, dans l'ensemble, installée en arrière des organisations d'infanterie de la première position.

Exceptionnellement, pour avoir des actions lointaines chez l'ennemi ou pour des nécessités de flanquement, certaines batteries ou pièces isolées peuvent être installées à l'intérieur des organisations de l'Infanterie.

Une organisation défensive comprend toujours au moins deux positions, parfois plus.

La deuxième position est établie à une distance telle de la première qu'elle ne puisse être soumise en même temps que celle-ci à un tir de préparation d'artillerie (6 à 8 kilomètres).

Des positions intermédiaires, aussi nombreuses qu'il est nécessaire, sont organisées entre les différentes positions.

Ces positions intermédiaires comportent des positions établies en *bretelles* dans des emplacements favorables, reliant entre elles les positions successives et destinées à empêcher l'ennemi d'exploiter latéralement un succès obtenu sur une partie du front.

Les deuxième et troisième positions, les positions intermédiaires, sont organisées de la même manière que la première position.

VI. — SECTEURS.

29. L'ensemble du front de combat est divisé en secteurs.

Le secteur est une zone limitée en largeur et en profondeur, dont la défense est confiée à une grande unité (C A, D I, éventuellement brigade).

En profondeur, le secteur s'étend, en général, au moins sur deux positions.

En largeur, son étendue est fixée d'après la situation générale et la mission donnée à l'unité.

Le Commandant du secteur a à sa disposition des réserves de secteur et de l'artillerie, indépendamment de celle qui peut être placée dans son secteur, mais dont le commandement ne lui appartient pas.

Le secteur est généralement divisé en sous-secteurs.

VII. — INTERVALLES.

30. En situation d'attente comme au combat (offensif ou défensif) les zones d'action des unités engagées sont *jointives.*

D'autre part, la nécessité :

— d'assurer les liaisons et les déplacements latéraux,

— de cacher à l'ennemi le mode d'occupation de la position, *impose la continuité des parallèles successives et conduit à proscrire absolument toute organisation de groupe de combat, de point d'appui, etc., dont les limites apparaîtraient sur la photographie* (1).

La position doit présenter un aspect uniforme sur tout son développement dans le sens du front.

Mais il ne s'ensuit pas que la position est occupée uniformément.

A l'intérieur des groupes de combat, points d'appui, centres de résistance, il existe des *parties actives* dans lesquelles sont concentrés les moyens de combat, et des *intervalles*, plus faiblement occupés ou même inoccupés.

Les intervalles doivent être surveillés et efficacement battus par le feu. Leur étendue et leur mode d'occupation sont essentiellement variables avec le terrain et la situation tactique. Leur aspect ne doit pas différer de celui des parties voisines.

Au cours de la bataille, la nécessité de se garder contre toute surprise dans un terrain souvent bouleversé et propice à l'infiltration oblige à une surveillance serrée de toutes

---

(1) Pas de groupes de combats, de points d'appui isolés susceptibles d'être révélés par la photographie. Les organisations isolées ne sont admissibles qu'à la condition d'être invisibles (ex. : Organes détachés des parallèles et des boyaux, bois, villages entre deux positions successives).

les parties du front. Il n'en faut pas moins s'efforcer de tenir le front économiquement, afin de réserver le plus de monde possible pour les contre-attaques et les relèves.

Pour cela, le procédé à employer est, ici encore, de concentrer, dès que possible, les moyens aux points les plus favorables, en se gardant d'une répartition uniforme. Le principe reste le même.

TITRE II.

ÉLÉMENTS CONSTITUTIFS DE L'ORGANISATION DU TERRAIN.

CHAPITRE I.

LE FLANQUEMENT.

31. Une arme est placée en flanquement d'une tranchée lorsqu'elle tire parallèlement au front de cette tranchée et non perpendiculairement.

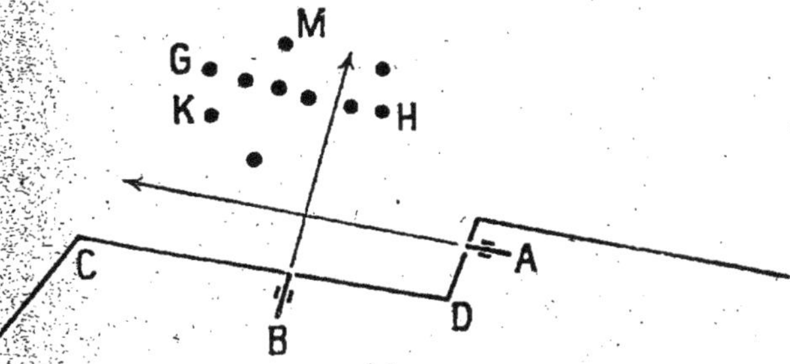

Fig. 2.

La figure 2 fait ressortir les avantages du flanquement. Un groupe ennemi GHMK se portant à l'attaque de l'élément de tranchée CD, tous les hommes sont obligés de traverser la trajectoire de l'arme placée *en flanquement en A*, tous peuvent être atteints : *la zone dangereuse s'étend devant tout le front* de l'élément de tranchée CD. Si l'arme placée en A est à tir rapide (mitrailleuse, fusil-mitrailleur) elle peut, à elle seule, interdire l'approche de la tranchée CD.

Si on transporte la même arme en B, pour tirer normalement à la tranchée, il n'y a plus qu'un petit nombre d'hommes exposés à son feu : *la zone dangereuse ne s'étend plus que devant une très petite partie du front.* L'arme placée en B, même si elle est à tir rapide, n'interdit plus l'approche de la tranchée CD. Le fauchage en direction ne peut atténuer cet inconvénient que d'une manière très imparfaite.

On augmente donc considérablement le rendement d'une arme en la plaçant en flanquement, et cela dans des proportions d'autant plus fortes que la rapidité du tir de l'arme et la force de pénétration du projectile sont plus grandes.

Conséquences :

a) Le mode d'emploi normal de la mitrailleuse et du fusil-mitrailleur est en flanquement, il n'est fait exception à cette règle que lorsqu'il s'agit de battre un débouché étroit particulièrement important ou encore de concentrer sur un objectif le feu de toutes les armes qui peuvent le battre (superposition de feux de front et de flanc).

b) Le flanquement, combiné avec des défenses accessoires qui arrêtent l'ennemi sous le feu des armes flanquantes, permet de défendre des fronts très étendus avec peu de monde : *le flanquement est un moyen essentiel d'économie des forces.*

c) Le flanquement permet de se contenter de vues directes peu étendues. Exemple : une ligne établie à contrepente, à faible distance de la crête, peut devenir extrêmement solide grâce à de bons flanquements du terrain immédiatement en avant d'elle, et si possible, du terrain en avant de la crête, qui échappe aux vues directes.

d) *Un des premiers soucis de tout commandant d'unité doit être de réaliser le flanquement de toutes les parties du front qui lui a été confié.*

32. Le flanquement résulte du tracé.

Il est fourni par des organes de feu établis :

— soit dans les parallèles ou les boyaux ;

4.

soit en dehors (organes détachés).

Ce dernier cas sera le plus fréquent pour la mitrailleuse.

33. Organes de flanquement établis dans les parallèles ou les boyaux :

Le tracé des parallèles et de boyaux est déterminé de manière à assurer de bons flanquements, grâce à une combinaison adroite des saillants et des rentrants. — Il est à remarquer que la capacité de feu et la portée de l'armement actuel de l'infanterie permettent d'obtenir des flanquements très efficaces sans qu'il soit nécessaire d'avoir recours à de grands développements de lignes flanquantes, et, par suite, à des saillants très accusés.

Un saillant peut être utilisé, non seulement pour flanquer les organisations qui l'avoisinent immédiatement, mais aussi pour flanquer des éléments situés à assez grande distance.

L'installation d'une arme en flanquement nécessite, outre l'emplacement de tir et l'abri, un système de protection de l'arme sur celui de ses flancs qui est du côté de l'ennemi.

Il y a lieu à cet effet :

— de renforcer les défenses accessoires sur le flanc exposé ;

— de battre ces défenses accessoires soit avec d'autres fusils ou d'autres mitrailleuses placés eux-mêmes en flanquement (fig. 3), soit avec des voltigeurs, mais surtout avec des grenadiers

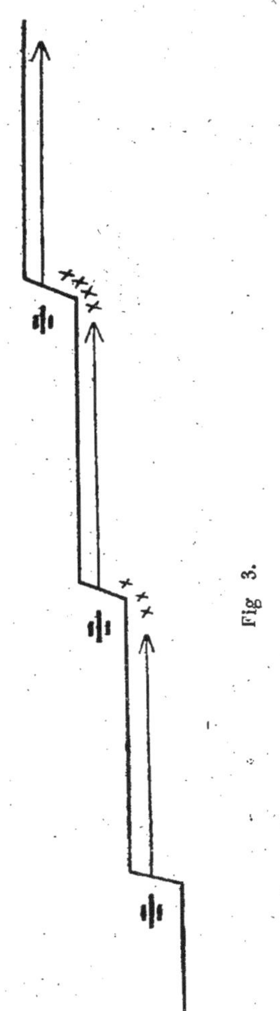

Fig. 3.

main ou V. B.) placés à proximité de l'arme flanquante (fig. 4).

Le service d'un organe *de flanquement* important nécessite donc l'organisation d'un *groupe de combat* dont les hommes sont chargés, les uns du flanquement, proprement dit, les autres de la protection des premiers.

34. Flanquement par organes détachés. — Le fonctionnement des organes de flanquement établis dans les parallèles ou les boyaux est aléatoire en cas d'attaque puisque ces organes se trouvent dans les zones d'intensité maxima du feu de l'artillerie ennemie et que, dès lors, ils risquent, ou bien d'être détruits avant d'avoir pu agir, ou bien d'agir trop tard, ou bien encore de voir leur zone d'action notablement réduite par le bouleversement du terrain.

Les organes de flanquement seront donc, pour la plupart installés dans les espaces séparant les parallèles successives en usant au mieux

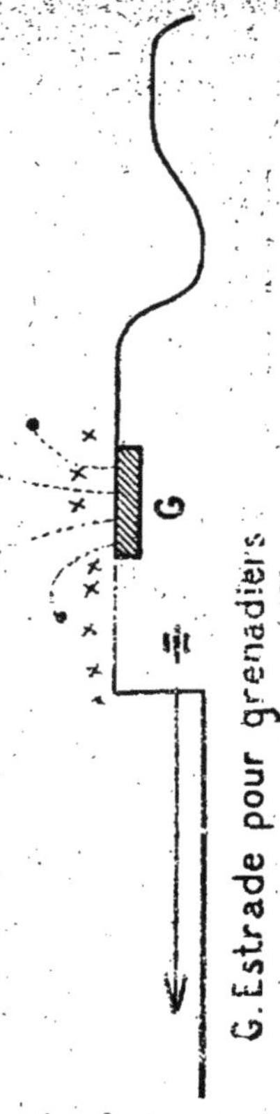

des parties de terrain dominantes et échelonnés assez profondément en arrière, sans crainte d'utiliser les grandes portées des armes. On en créera parfois, mais rarement en avant de la parallèle principale, si la situation particulière (terrain, éloignement de l'ennemi) le rend utile et possible.

On s'efforcera, surtout s'il s'agit d'un organe important, de s'établir nettement en dehors de la zone de dispersion d'un tir dirigé sur les organisations apparentes les plus proches, tout en satisfaisant au but tactique poursuivi.

Il est ici essentiel, pour ne pas s'exposer aux dangers qui menacent tout ouvrage isolé visible, d'échapper aux investigations des observateurs ennemis. On s'attachera donc à modifier le moins possible l'aspect du terrain (utilisation de trous d'obus, de talus, de haies, de ruines, d'emplacements sous des arbres, liaisons par communications souterraines ou camouflées avec le réseau général des communications enterrées, etc.).

L'arme en flanquement aura, la plupart du temps, besoin d'une troupe de protection, elle constituera alors comme dans le cas précédent, le noyau *d'un groupe de combat.*

L'installation du groupe de combat comportera toujours des défenses accessoires. Celles-ci devront d'ailleurs être organisées de manière à ne pas *faire repérer l'emplacement.*

L'existence d'organes de flanquements détachés insoupçonnés de l'ennemi est un facteur capital de la solidité d'une position.

CHAPITRE II.

LES VUES.

35. On a besoin de voir pour connaître l'ennemi, pour suivre les manifestations de son activité, pour le frapper avec précision, pour se garder de ses entreprises et mettre en jeu sans retard, en cas d'attaque, les moyens dont on dispose (infanterie, artillerie...).

La surveillance de l'ennemi est réalisée par la combinaison de l'observation aérienne et de l'observation terrestre. Cette dernière doit d'ailleurs être organisée d'une manière aussi complète que si la première faisait défaut.

L'observation terrestre nécessite la création d'organes spéciaux, *postes de guetteurs, observatoires.* Elle est assurée par l'infanterie et par l'artillerie.

La caractéristique de tout service d'observation bien fait est *de voir sans être vu :* les postes de guetteurs et les observatoires, ainsi que les voies d'accès qui y conduisent seront donc soigneusement dissimulés et camouflés.

Les allées et venues autour des observatoires sont formellement interdites.

On évitera de placer les observatoires à proximité immédiate des points remarquables du terrain.

36. Postes de guetteurs. — Les postes de guetteurs sont destinés à la surveillance des organisations ennemies dans le but :

a) d'être renseigné sur la vie journalière de l'ennemi, ses habitudes, les emplacements de ses engins, les mouvements effectués à proximité de son front ;

b) de donner l'alarme en cas d'attaque, au moment où l'infanterie ennemie sort de ses tranchées pour aborder nos organisations.

Les guetteurs auront toujours avantage à utiliser l'observation latérale pour éviter d'être repérés par l'ennemi (fig. 5).

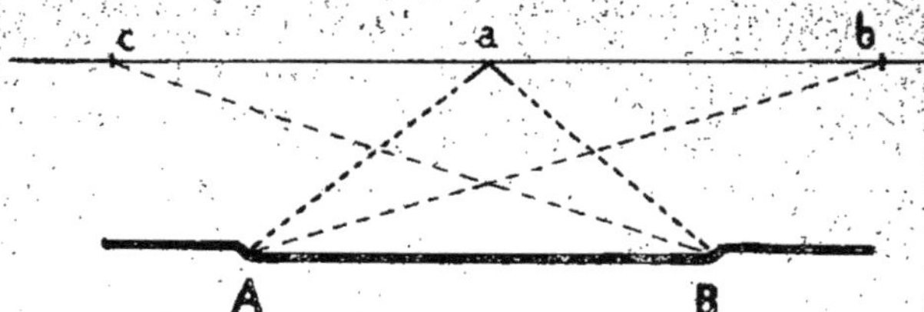

Fig. 5. { ab) Partie de la tranchée ennemie surveillée par le guetteur A
{ ac) Partie de la tranchée ennemie surveillée par le guetteur B

En cas d'attaque, tous les postes de guetteurs de la catégorie précédente doivent donner l'alarme. Mais il est nécessaire en outre d'avoir des postes spéciaux répondant aux conditions suivantes :

être le plus possible à l'épreuve du bombardement ;

être situés à une certaine distance de la parallèle principale, de façon que le guetteur, tout en voyant ses abords, ne soit pas englobé dans la partie la plus dense du tir de préparation ennemi dirigé sur elle ;

posséder un moyen sûr et rapide pour transmettre aux éléments à alerter (artillerie, infanterie) les renseignements recueillis.

Tout système de postes de guetteurs qui ne remplirait pas cette dernière condition serait sans valeur.

Tout abri doit être relié à un poste de guetteur ; il en est de même des organes d'artillerie chargés de déclencher les barrages.

L'organisation matérielle du poste de guetteur, sa combinaison avec l'abri, ont donc une importance capitale.

Bien que munis d'un périscope, les postes de guetteur sont toujours organisés pour permettre l'observation directe.

En prévision de la rupture d'une partie du front des postes de guetteurs sont organisés *sur toute la profondeur de la position.*

37. Observatoires. — Les observatoires ont un rôle analogue à celui des postes de guetteurs, mais dans des zones généralement plus étendues en largeur et en profondeur.

Ils appartiennent soit au commandement, soit à l'artillerie.

Le réseau des observatoires est organisé de manière qu'aucune partie du terrain visible de nos lignes n'échappe à la surveillance.

Les conditions à remplir sont les mêmes que pour les postes de guetteurs : être blindés, dissimulés, avoir des moyens de transmission nombreux et sûrs.

Les observatoires sont pourvus d'un matériel plus complet que celui des postes de guetteurs (cartes, panoramas, matériel d'observation, téléphone, parfois optique. T.S.F., pigeons voyageurs, etc.).

L'organisation et le fonctionnement du service d'observation font l'objet d'un « plan d'observation ». (Voir Instruction sur la liaison.)

CHAPITRE III.

LES COMMUNICATIONS.

---

38. Les communications ont pour objet la circulation facile des troupes et du matériel (déplacements et concentrations de moyens nécessités par les opérations, ravitaillements, évacuations);

Le développement et l'état du réseau des communications influent d'une manière capitale sur la valeur d'une position.

L'établissement d'un bon réseau de communications doit donc être entrepris sans retard dès le début des travaux d'organisation d'une position.

CARACTÈRES GÉNÉRAUX.

39. Le réseau des communications d'une position doit répondre aux conditions suivantes :

— présenter un développement et une disposition en rapport avec les besoins à prévoir, compte tenu des renforcements et des concentrations de moyens sur une partie de la position qui peuvent être nécessités par les opérations.

— permettre un emploi aussi étendu que possible des moyens à grand rendement: routes pour camions automobiles, voies étroites poussées aussi loin que le permettent les conditions locales.

— réduire le portage au minimum: routes et pistes pour convois hippomobiles et pour animaux de bât poussées aussi près que possible de la première ligne.

— permettre en toutes circonstances, malgré l'ennemi, les mouvements à l'intérieur de la position et les relations des divers organes qui constituent la position entre eux et avec l'arrière : communications enterrées (parallèles et boyaux, communications souterraines).

— constituer un ensemble cohérent dont toutes les parties (routes, pistes, voies étroites, communications enterrées) soient ajustées de manière à s'aider, à se compléter, et à rendre faciles les mouvements empruntant successivement les divers éléments du réseau.

— être outillé en vue du trafic maximum à prévoir (garages sur les communications de toutes natures, points de chargement et de déchargement convenablement répartis sur les routes et les voies étroites...),

— être aussi peu vulnérable que possible (choix des zones de parcours et des tracés convenables, camouflage de certains éléments, etc.).

40. Le réseau des communications est très sensible; il se dégrade vite sous l'effet de la circulation et des intempéries.

On le maintient en état par une *discipline rigoureuse de la circulation* et par une organisation judicieuse et prévoyante des travaux d'entretien.

On examine ci-après, dans leur ordre d'importance, les éléments d'un réseau de communication :

> Routes et pistes;
>
> Voies étroites:
>
> Communications enterrées.

ROUTES ET PISTES.

41. Les communications par routes et pistes doivent, ainsi qu'il est dit plus haut, être poussées le plus loin possible vers le front.

Le réseau routier sera avantageusement organisé de façon à se prêter à l'établissement de circuits. Toutefois, le circuit n'aura toute son utilité que si les voies ascendantes et descendantes sont réunies par plusieurs transversales.

Les routes sont établies de manière à permettre la circulation :

— soit dans un seul sens;

— soit dans les deux sens;

— soit sur triple courant.

Sur les routes ne permettant la circulation que dans un seul sens, il conviendra d'établir, de distance en distance, des évitements pour permettre aux voitures de se doubler, ou éventuellement de se croiser.

42. Le réseau routier sera complété par des pistes :

— pistes pour voitures hippomobiles, établies le long de certaines sections de routes pour éviter l'encombrement et diminuer l'usure.

— pistes pour voitures hippomobiles et pour l'infanterie destinées à dégager ou à prolonger le réseau routier. Parmi ces dernières, celles qui n'auraient d'utilité qu'en cas de circulation intensive (cas de renforcement) pourront être simplement jalonnées; elles seront interdites en temps normal, du moins au voisinage du front, afin d'éviter qu'elles ne soient repérées.

43. D'une manière générale, le défilement des routes et des pistes aux vues des observatoires terrestres et des ballons de l'ennemi fera l'objet d'une étude très attentive (recherche d'itinéraires défilés pour les routes et pistes de création nouvelle, camouflage des sections de routes et de pistes vues des observatoires terrestres et des ballons de l'ennemi).

Les travaux de défilement des itinéraires sont à exécuter de prime abord et sans attendre que l'action de l'artillerie ennemie ait révélé leur utilité.

VOIES ÉTROITES.

44. L'emploi des voies étroites (voie de o m. 60, voie de o m. 40) est particulièrement avantageux en raison :

— de son rendement,

— de l'économie de personnel qu'il procure,

— de la diminution de l'encombrement et de l'usure du réseau routier qui en résulte.

45. Le réseau de voie de o m. 60 prolonge vers l'avant la voie normale; il se prête surtout au transport des matières pondéreuses (munitions d'artillerie, matériel du génie...); il offre une grande souplesse pour desservir les installations ayant quelque fixité, telles que dépôts de munitions, dépôts de matériel du génie, batteries lourdes, etc.

On utilise la traction à vapeur (autant que possible), les locotracteurs à essence ou la traction animale (pour de faibles parcours ou lorsque la proximité du front rend la traction à vapeur impossible).

46. La voie de o m. 40 prolonge vers l'avant le réseau routier ou le réseau de voie o m. 60, suivant le cas.

D'un rendement moindre que la voie de o m. 60, mais d'une construction plus facile et plus rapide, elle est précieuse pour les transports de matières pondéreuses sur des parcours peu étendus : alimentation de batteries ou de dépôts de matériel auxquels on ne peut accéder ni par route ni par voie de o m. 60; ravitaillement des troupes des secteurs en matériel, munitions et vivres: transports intérieurs des chantiers, tels que les évacuations de déblais, etc.

Les transports par voie de o m. 40 se font par traction animale ou à bras d'hommes.

COMMUNICATIONS ENTERRÉES.

47. Les communications enterrées, destinées à permettre les mouvements à couvert au voisinage de l'ennemi comprennent :

— des communications dans le sens du front; ce sont les parallèles successives que comporte la position. (Les parallèles sont organisées en tranchée sur la plus grande partie de leur développement. Voir chapitre V ci-après);

— des communications dans le sens perpendiculaire au front, ce sont les boyaux;

— des communications souterraines destinées à permettre d'exécuter certains mouvements avec le maximum de sécurité : accès aux emplacements de combat, liaison d'abris entre eux, substitution d'une galerie à certains éléments de boyaux importants et particulièrement exposés.

a. **Boyaux.**

48. Les boyaux relient entre elles et avec l'arrière les différentes parallèles que comprend la position.

Leur développement vers l'arrière est déterminé en tenant compte de la profondeur de l'échelonnement des troupes de la défense, des déplacements de forces à prévoir en cas d'attaque. Il pourra naturellement être moindre en terrain accidenté ou couvert qu'en terrain à formes peu accentuées et découvert.

49. On distingue :

— des boyaux principaux, destinés à assurer les relations avec l'arrière, qui sont continus sur toute la profondeur du réseau des communications enterrées.

— les boyaux secondaires destinés à relier entre elles les parallèles successives.

En général, et en tout cas lorsque des opérations sont engagées, les boyaux principaux sont répartis en :

— boyaux d'adduction,

— boyaux d'évacuation,

et la circulation n'y a lieu que dans un sens.

Il faut disposer d'un boyau principal d'adduction au

moins et d'un boyau principal d'évacuation par régiment.

Le nombre des boyaux secondaires augmente à mesure que l'on marche vers l'avant. On peut compter deux boyaux par compagnie entre la parallèle principale et la parallèle de soutien.

La densité du réseau des boyaux est à déterminer d'après les bases ci-dessus en supposant le plan de renforcement appliqué.

50. Tracé des boyaux. — L'emplacement d'un boyau est déterminé en tenant compte :

— de sa destination,

— de l'intérêt qu'il peut y avoir à l'incorporer dans une organisation destinée à cloisonner la position,

— des facilités de défilement que peuvent donner certaines parties du terrain,

— des conditions d'évacuation des eaux,

Le détail du tracé est réglé de manière à éviter l'enfilade ou à en limiter les effets (tracés sinueux, en zig-zag, à crémaillères, à traverses, à traverses tournantes.

51. Profil des boyaux. — Le profil du boyau est du type «sape» là où il ne s'agit que d'assurer la circulation, et du type «tranchée» là où le boyau est utilisé comme emplacement de combat.

Le détail du profil peut être influencé :

a) par la situation tactique. Exemple : on peut avoir intérêt, pour diminuer la visibilité du boyau, à araser le parapet, les déblais étant évacués à une certaine distance. On peut aussi dans le même but, faire usage de la sape russe ;

b) par la nature du terrain. — Le roc dur, un terrain humide obligeront à diminuer la profondeur et à augmenter le relief.

52. Organisation défensive des boyaux. — Les boyaux doivent être organisés :

— en vue de leur défense intérieure pied à pied, dans tous les cas : créneaux pour fusils ou fusils-mitrailleurs, estrades de grenadiers à certains changements de direction, en avant desquels on aura aménagé des alignements droits de longueur suffisante.

— en vue de leur utilisation pour des actions latérales (emplacements de combat et défenses accessoires comme pour les parallèles, gradins de franchissement, et passages en dessus pour les contre-attaques).

53. Exécution des boyaux. — Les procédés d'exécution des boyaux se rattachent, comme ceux des parallèles, à deux types principaux :

Travail en ligne, c'est-à-dire attaque du boyau par tout l'effectif dont on dispose déployé le long du boyau. C'est évidemment le procédé le plus rapide. A proximité immédiate de l'ennemi, il n'est pas applicable de jour, mais il le sera presque toujours de nuit ;

Travail par le bout, c'est-à-dire attaque du boyau par un bout (parfois par les deux bouts), en profitant du couvert fourni par la partie déjà exécutée. C'est le procédé à employer pour progresser à proximité immédiate de l'ennemi et malgré son feu. Il permet le travail continu de jour et de nuit, sinon toujours, tout au moins dans de nombreux cas où le travail de jour serait impossible autrement.

On passe de l'un à l'autre procédé, suivant les conditions tactiques ; en particulier, on revient toujours à l'exécution au travail en ligne, chaque fois que les circonstances redeviennent favorables.

b) Communications souterraines.

54. Les communications souterraines trouveront leur emploi le plus étendu dans l'organisation des organes détachés du réseau des tranchées et des boyaux (liaison des éléments des groupes de combat entre eux, galeries d'accès aux groupes de combat en partant des boyaux ou parallèles voisins).

Les communications souterraines de cette catégorie et, d'une manière générale, celles qui intéressent les emplacements de combat, sont les plus importantes et doivent être exécutées en premier lieu.

On crée aussi des communications souterraines entre abris voisins pour procurer ainsi à chacun d'eux le bénéfice de nombreuses issues.

Enfin il y a parfois intérêt à franchir certains passages dangereux en galerie (au lieu du boyau).

55. L'exécution des galeries est lente, car la surface d'attaque du travail est nécessairement limitée.

On peut l'accélérer :

— en attaquant la galerie sur plusieurs points à la fois (descentes en puits qui fournissent des têtes d'attaque supplémentaires), lorsque l'éloignement de l'ennemi, ou un couvert favorable le permettent,

— par l'emploi de moyens mécaniques appropriés et d'une main-d'œuvre exercée.

CHAPITRE IV.

LES LIAISONS.

56. Les différents moyens de transmission des ordres et des comptes rendus (réseau téléphonique, T.S.F., T.P.S., signalisation optique, à bras, par panneaux, par artifices, transmission par coureurs, par pigeons voyageurs) font l'objet de l'Instruction sur la liaison.

Tous ces moyens de transmission devant être à la portée du chef, tous étant solidaires puisque l'un quelconque d'entre eux peut être appelé, à un moment donné, à remplacer tous les autres, les installations qui les concernent sont dans une étroite dépendance entre elles.

Parmi ces installations, seules celles relatives au réseau téléphonique et au réseau optique nécessitent des travaux spéciaux de quelque importance. Ces travaux doivent faire l'objet d'un plan d'ensemble, résultant du Plan des Liaisons conçu dans l'hypothèse des besoins maxima à prévoir (cas de renforcement).

Il est essentiel que le réseau des transmissions soit établi et entretenu dans des conditions lui assurant le maximum de sécurité en cas d'action intensive. Les moyens à employer dans ce but sont :

— la protection et la dissimulation de tous les postes de transmission (téléphone, T.S.F., T.P.S., optique, coureurs, pigeons),

— un tracé judicieux des lignes téléphoniques et des itinéraires des coureurs,

— une protection des lignes téléphoniques en rapport avec les risques de rupture.

CHAPITRE V.

LE COUVERT.

57. Le couvert est constitué par la *tranchée*, l'*abri*, et en outre par des *organisations isolées* pour armes automatiques (avec éléments de protection s'il y a lieu); ces dernières organisations participent plus ou moins, suivant les circonstances, de la tranchée et de l'abri.

LA TRANCHÉE.

58. Profil de la tranchée. — Le profil de la tranchée doit répondre aux conditions suivantes :

1° *Protection*. — La meilleure protection est assurée par une tranchée étroite et profonde, cloisonnée au moyen de traverses destinées à limiter les effets des projectiles et à garantir contre les feux d'écharpe et d'enfilade.

La tranchée doit être cependant suffisamment large pour permettre une circulation facile en arrière des tireurs.

Le profil varie avec la nature du terrain suivant que l'on peut s'enfoncer plus ou moins.

2° *Visibilité aussi réduite que possible*. — La tranchée doit être difficilement repérable par les observateurs terrestres ou aériens. Le fait que, si l'on est en terrain découvert, la tranchée apparaîtra toujours sur la photographie, ne doit nullement faire renoncer à la recherche de la visibilité minima. En diminuant la netteté des formes on peut gêner d'une manière très efficace le travail de l'observateur d'artillerie ennemi (terrestre ou aérien).

On diminue la visibilité par :

— la réduction du relief dans toute la mesure permise par la nécessité d'avoir sur les abords de la tranchée un commandement suffisant (dans certains cas on peut avoir intérêt à supprimer le parapet ; la difficulté d'évacuer les terres rend le travail assez long) ;

— la suppression des formes trop régulières, des arêtes ;

— le camouflage des déblais de manière qu'ils se distinguent aussi peu que possible, par la couleur, du terrain environnant.

59. Tracé de la tranchée. — Le tracé de tranchée est déterminé par :

1° — la situation tactique ;

2° — la recherche du flanquement ;

3° — la recherche d'une action efficace par le feu sur les abords de la tranchée et sur le terrain d'approche de l'ennemi (et en particulier d'un bon appui par l'artillerie) et inversement la recherche des conditions propres à diminuer l'efficacité des feux de l'ennemi.

1° *Situation tactique*. — En fin de combat, on est généralement forcé de s'organiser sur place, au contact de l'ennemi. On n'a donc le choix du tracé que dans les limites assez restreintes.

toutes autres circonstances, le choix de l'emplacement à occuper est dé-
terminé surtout par la
nécessité d'assurer des
débouchés et de bons
observatoires. Inverse-
ment, le tracé doit per-
mettre de maîtriser les
débouchés éventuels de
l'ennemi.

2° *Flanquement.* —
Voir, à ce sujet, le cha-
pitre Ier du titre II.

3° *Possibilités d'action
de feu, et en particu-
lier d'appui par l'artil-
lerie.* — L'examen des
avantages et inconvé-
nients des divers empla-
cements représentés sur
la figure 6 fournit des
éléments d'appréciation
pour le choix d'un em-
placement.

a) En A, on a un bon
champ de tir et des vues
lointaines, mais, l'appui
de l'artillerie est très
difficile sur les pentes
avant de A; pour peu
que ces pentes soient
accentuées, l'artillerie
de campagne ne pourra
l'atteindre que par des
batteries placées en flanquement (s'il est possible
de trouver des emplace-
ments favorables et d'un
développement suffi-
sant).

L'artillerie ennemie
voit bien la tranchée A
et le terrain BA; elle est
en mesure d'exécuter
sur ce terrain des tirs
précis et d'y appuyer efficacement son infanterie.

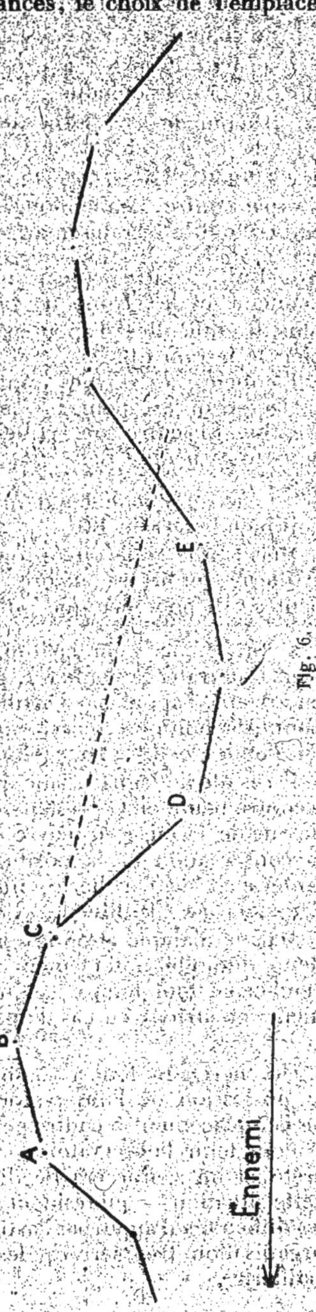

b) En B, on a de bonnes vues lointaines, mais :

— le champ de tir BA, est généralement court,

— à partir de A, le terrain échappe aux vues (angle mort sur une grande étendue,

— l'appui de l'artillerie sur le terrain BA, qui n'est vu que de B et échappe aux observatoires éloignés, reste assez imparfait,

— par contre, l'ennemi ne voit que les avancées de la position ; tout le terrain en arrière de B lui échappe.

c) En C (contre-pente), on perd toute vue éloignée de l'ennemi et le champ de tir CB est court, mais il n'y a plus de difficultés d'appui par l'artillerie, car celle-ci voit bien le terrain CB.

L'ennemi a des vues lointaines de B, mais à partir de C, le terrain est pour lui en angle mort sur une grande étendue. En outre son artillerie éprouvera des difficultés à agir sur la pente CD.

d) En D, on bénéficie d'un bon appui par l'artillerie qui voit bien le terrain BD.

Mais l'ennemi découvre toute la position. Néanmoins son artillerie éprouvera encore des difficultés à agir sur les pentes CD, pour peu que celles-ci soient accusées.

e) En E, on a un champ de tir étendu, on découvre bien le terrain de l'ennemi, grâce aux observatoires situés en arrière, l'appui par l'artillerie peut être fourni dans de bonnes conditions, mais l'ennemi a également de bonnes vues et des facilités pour l'emploi de son artillerie.

Il résulte de la discussion qui précède que l'emplacement à contre-pente en C présente de sérieux avantages au point de vue de la mise en œuvre des moyens de défense pour la conservation de la position (coopération facile de l'infanterie et de l'artillerie, liberté relative de mouvement dans la zone CD difficile à battre par l'artillerie ennemie).

Mais le manque de vues sur les organisations de l'ennemi diminue notablement les possibilités d'action sur celui-ci en tout temps (ce qui est déjà un grave inconvénient) et surtout en cas d'opérations offensives.

On cherchera donc à s'assurer les bénéfices que procure la possession de l'observatoire, sans perdre les bénéfices de l'emplacement à contre-pente.

Pour tenir l'observatoire, on s'installera en avant de la crête et on s'efforcera de diminuer les inconvénients de cette situation — qui résident surtout comme on l'a vu dans les difficultés d'appui par l'artillerie — par une étude et une organisation très serrées des flanquements (infanterie et artillerie).

On établira d'autre part une organisation à contre-pente en vue :

— d'arrêter par une action puissante de feux l'ennemi qui aurait franchi la crête (on retrouvera à ce moment les avantages d'une facile coopération de l'infanterie et de l'artillerie);

— de rejeter l'ennemi au delà de la crête par la contre-attaque.

L'organisation des zones fournissant des observatoires importants devra être très soignée dans l'ordre d'idées qui vient d'être indiqué; elle devra comporter, toutes les fois que cela sera possible, des communications souterraines qui procureront des liaisons sûres en toutes circonstances avec les éléments établis en avant de la crête (1).

60. Fausses tranchées. — Les fausses tranchées sont destinées à empêcher l'ennemi de discerner soit par observation directe, soit par étude des photographies, le rôle et l'importance relative des divers éléments de la position. Elles seront employées surtout dans les intervalles, pour donner à ceux-ci la même apparence qu'aux éléments actifs de l'organisation.

Les fausses tranchées devront avoir une profondeur suffisante pour donner, sur photographie, l'illusion d'une vraie tranchée (50 centimètres au moins). Leurs déblais ne devront pas gêner le jeu des organes de flanquement. Elles seront avantageusement tracées, de manière à pouvoir être utilisées après approfondissement en cas de besoin.

61. Exécution de la tranchée. — La tranchée est exécutée par les mêmes procédés que la sape; on emploie suivant la situation, soit le «travail en ligne», soit le «travail par le bout» (voir titre II, chapitre III).

L'ABRI.

62. Le but des abris est de conserver intacts la troupe et le matériel jusqu'au moment de leur emploi.

Les abris sont des organes essentiels de l'organisation du terrain.

On peut les classer en trois catégories :

1° Abris pour le personnel seul :

Postes de commandement;

Postes de secours.

---

(1) Ex. : Poste téléphonique en avant de la crête relié par galerie souterraine à un poste optique établi sur le versant caché à l'ennemi.

2° Abris pour le matériel seul :

Abris à munitions, à vivres, etc.

3° Abris pour le personnel et le matériel (engins de combat) :

Abris pour hommes (avec leurs armes);

Abris pour mitrailleuses;

Abris pour engins de tranchée;

Abris pour canons;

Abris pour projecteurs, etc.

63. Emplacement et capacité des abris. — Les *emplacements* sont fixés par le commandement en tenant compte, en premier lieu, des nécessités tactiques, puis des facilités de dissimulation, de construction, etc.

Il faut éviter que des considérations secondaires de commodité, de moindre effort, ne conduisent à une répartition des abris qui ne permettrait pas un bon emploi des moyens en cas d'attaque.

L'échelonnement des abris est fonction de l'échelonnement des moyens de défense; ce n'est pas l'inverse.

La *capacité* des abris est déterminée par des considérations du même ordre.

D'une manière générale, les abris ne devront pas être trop vastes, afin de limiter les conséquences des accidents et de permettre une sortie rapide (voir ci-après).

Les abris pour hommes seront établis pour une escouade, une demi-section, une section au plus ; toutefois, les abris pour réserves importantes construits loin de l'ennemi pourront être plus spacieux. Il est d'ailleurs toujours nécessaire d'avoir des abris de faible capacité sur toute la profondeur de la position, les éléments successifs de cette position pouvant avoir à jouer le rôle dévolu aux organisations de la zone de la parallèle principale à la suite d'un progrès de l'ennemi.

64. Dissimulation des abris. — Il faut, par tous les moyens, dissimuler les abris, sans quoi ils seraient l'objet de tirs de destruction systématiques et ils risqueraient beaucoup de ne pouvoir jouer leur rôle en cas d'attaque, *en supposant même qu'ils aient résisté aux tirs dirigés contre eux.* (Obstruction possible des entrées, tirs de neutralisation ayant pour objet d'en interdire la sortie, etc.)

Les parallèles et les boyaux constituent d'excellents couverts pour dissimuler les entrées d'abri (1). Encore faut-il que des déblais de volume anormal ne viennent pas révéler les constructions souterraines sous-jacentes. Le mieux est, quand on le peut, d'évacuer les déblais à assez grande distance ; dans certains cas, on pourra les répartir de manière

---

(1) Et ce n'est pas là le moindre avantage des parallèles et des boyaux.

des abris dans les zones où l'on ne craint pas
le feu de l'ennemi.

Des indices en apparence insignifiants peuvent trahir un
exemple : entrée, ou même simple cheminée d'aération apparaissant sur la photographie sous forme d'une
tache sombre de forme régulière.

Le camouflage devra donc être très minutieux. Il est essentiel qu'il *soit entrepris dès le début de la construction.* C'est en
effet au cours de la construction que le travail est en général le plus visible.

85. Résistance des abris. — On distingue :

Les *abris légers*, qui assurent la protection contre les
éclats d'obus et, dans une certaine mesure, contre les
coups des obus de petit calibre (77, 105);

Les *abris à l'épreuve*, capables de résister à un tir systématique et réglé des pièces de moyen calibre (13 cent.,
130 millim.) et à des coups isolés de la pièce de gros calibre
la plus fréquemment employée (210 millim.).

Toutes les fois qu'il n'en résulte pas d'inconvénients ma-
jeurs, et que l'on ne rencontre pas des difficultés d'exécution insurmontables, l'abri doit être à l'épreuve. D'une
manière générale, on doit trouver dans toute position des
abris à l'épreuve pour loger au moins l'effectif de la garnison normale. Ce premier résultat acquis, le nombre des
abris à l'épreuve est augmenté sur les bases fournies par
plan de renforcement.

Les abris légers sont employés lorsqu'il n'est pas possible
construire l'abri à l'épreuve, ou encore lorsque le travail à fournir pour construire l'abri à l'épreuve serait hors
proportion avec le but poursuivi. Les abris légers sont
toujours établis pour très petits effectifs (petits postes,
niches-refuges sur les itinéraires de coureurs, etc.). On
diminue ainsi par la dispersion et le faible volume de l'abri
risques que fait courir la diminution de résistance.

Les abris à l'épreuve des calibres exceptionnels (305,
et 420) ne sont construits que dans les points d'appui
importants (ex. : renforcement d'ouvrages de fortification
permanente, de certaines localités).

**86. Mode de construction des abris, matériaux
employés.** — Qu'ils soient légers ou à l'épreuve, les abris
sont construits :

Soit en *galerie de mine* (abris-cavernes);

Soit à *fouille découverte* (abris établis dans une fouille
préalablement creusée à ciel ouvert et couverte avec matériaux rapportés) (1).

---

(1) L'abri établi entièrement en relief sera très rare, on cherchera
toujours à enterrer plus ou moins l'abri.

L'abri en galerie de mine peut être construit dans la plupart des terrains et au voisinage même de l'ennemi. Il ne nécessite qu'une main-d'œuvre moyennement exercée, sauf difficultés spéciales. Mais, pour être à l'épreuve, il doit être établi à grande profondeur, ce qui est un inconvénient.

L'abri à fouille découverte ne peut être exécuté à proximité de l'ennemi, en raison de la difficulté de dissimuler le travail (exception faite pour les petits abris tels que postes de guetteurs, et pour ceux exécutés en terrain couvert). En outre, il exige l'apport d'un tonnage de matériaux assez élevé. Son emploi peut être imposé par des nécessités tactiques (ex. : organisation d'un emplacement de tir abrité) ou par la nature du terrain (terrain humide dans lequel on ne peut creuser à grande profondeur).

On obtient l'abri à l'épreuve :

— dans le type en galerie de mine, en ménageant audessus du ciel une épaisseur de terre vierge suffisante (6 à 8 mètres) suivant le terrain. Si la couche de terre vierge est insuffisante, on la renforce au moyen d'une *couche d'éclatement* (rondins, rails, poutres en fer, dalles ou poutres en béton armé, etc.) débordant largement la fouille dans les directions dangereuses ;

— dans le type à fouille découverte, par l'emploi du béton ou du béton armé employés seuls (*abris bétonnés*) ou en recouvrant la fouille d'une couche de matériaux constituée comme la couche d'éclatement dont il est parlé ci-dessus, mais d'épaisseur plus considérable.

Les cuirassements sont employés dans certains abris (observatoires, postes de guetteurs, etc.).

Quand on a le choix du mode de construction et des matériaux, *il y a toujours avantage à employer les matériaux donnant la résistance maxima sous l'épaisseur minima (béton, fer...), car on diminue ainsi la profondeur et le relief de l'abri.* La grande profondeur est un inconvénient que l'on doit subir assez souvent, mais c'est toujours un inconvénient.

67. Organisation de l'abri en vue du combat. — On ne vise ici que les abris de la 3ᵉ catégorie (abris pour la troupe et les engins de combat).

Pour cette catégorie d'abris, *il est capital de réaliser les conditions suivantes :*

— *possibilité de donner l'alerte sûrement et rapidement en cas d'attaque ;*

— *possibilité de gagner les emplacements de combat avant que l'ennemi n'ait pu atteindre les entrées de l'abri.*

En outre, des dispositions doivent être prises pour la défense des abords.

Alerte. — Tout abri doit être combiné avec un [poste] de guetteur faisant corps avec l'abri autant que possible (puits pour guetteur, périscope), afin que les occupants puissent être alertés instantanément en cas d'attaque. Un abri qui ne se prête pas à l'installation d'un poste de guetteur dans son voisinage immédiat est à rejeter. Il y a lieu de ne pas le perdre de vue quand on choisit l'emplacement d'un abri.

69. Occupation des emplacements de combat. — L'occupation rapide des emplacements de combat exige :

— des issues nombreuses (au moins deux par abri) et commodes;

— des emplacements de combat aussi rapprochés que possible de la position d'attente à l'intérieur de l'abri.

En ce qui concerne la distance de la position d'attente à l'intérieur de l'abri à la position de combat, il y a lieu de faire les importantes observations suivantes :

a) Il y a le plus grand avantage à disposer d'abris à l'épreuve peu profonds. *L'abri bétonné est donc le meilleur;* il faut le réaliser toutes les fois qu'il est possible.

b) La solution idéale est obtenue lorsque l'on peut mettre l'emplacement de combat sous abri à l'épreuve : emplacements de combat et d'attente sont alors confondus, l'intervention peut être instantanée (ex. : casemate pour mitrailleuse à l'extrémité d'une galerie débouchant en talus raide, abri de tir à l'épreuve pour mitrailleuse, dissimulé dans des ruines ou sous un couvert quelconque...). Parfois, on emploiera utilement un procédé intermédiaire consistant à établir, à côté de l'emplacement de combat, un *abri d'alerte* à l'épreuve réduit aux dimensions strictement nécessaires pour abriter le personnel et le matériel (ex. : niche bétonnée et établie au débouché d'un puits mitrailleur où sont postés, en cas d'alerte, la mitrailleuse et ses servants). Bien entendu, l'emplacement d'alerte sera pourvu de moyens d'observation (périscope...).

70. Défense rapprochée des abris. — Elle comporte l'interdiction de l'approche des entrées (organisation des traverses voisines, par exemple), la défense intérieure des descentes, si possible, mieux encore la création d'une galerie avec sortie dérobée en plein champ et permettant une contre-attaque contre un ennemi qui aurait atteint les autres issues.

71. Remarque. — Il est essentiel d'observer que l'occupation opportune des emplacements de combat ne dépend pas simplement d'une bonne organisation de l'abri.

Elle dépend aussi et dans une large mesure de l'instruction et de la discipline de la troupe, qui doit être absolument rompue par de fréquents exercices de branle-bas de combat, à prendre lestement les dispositions de combat.

72. Aménagements divers des abris. — On s'efforce d'améliorer les conditions d'habitabilité des abris de manière à y rendre possible un séjour assez prolongé et à limiter les déperditions d'effectifs causées par de mauvaises conditions hygiéniques.

Une soigneuse protection contre l'invasion des eaux est indispensable. Des dispositions sont à prendre à cet effet dès la construction de l'abri (s'il s'agit d'un abri-caverne assurer l'étanchéité du ciel, organiser des dispositifs intérieurs conduisant les eaux d'infiltration vers des puisards d'où elles sont évacuées par des pompes). Dans tous les cas, on veille à empêcher l'introduction des eaux de pluie par les entrées.

On aménage des cheminées d'aération et, le cas échéant, de chauffage.

On pourvoit les abris pour le personnel des accessoires de logement nécessaires (lits de camp...). Il est prévu dans chaque abri, pour le cas d'obstruction des entrées par le bombardement, un lot d'outils (pelles, pioches, haches), des sacs à terre, des moyens d'éclairage de secours (lampes de poche, bougies).

Enfin, la défense contre les gaz est assurée au moyen de dispositifs spéciaux.

AMÉNAGEMENT DE LA TRANCHÉE ET DE L'ABRI POUR L'EMPLOI DES DIFFÉRENTES ARMES

Éléments des groupes de combat.

73. Mitrailleuse. — Les emplacements des mitrailleuses sont aménagés le plus souvent en dehors des parallèles et échelonnés en profondeur. On est parfois, mais rarement, conduit à en établir dans les parallèles.

Ils sont constitués par :

— une plate-forme de tir à ciel ouvert ou abritée;

— un abri pour les hommes, le matériel et les munitions;

— une communication entre l'abri et la plate-forme.

Ainsi qu'il a été dit précédemment, il faut mettre à profit toutes les circonstances favorables pour organiser l'emplacement de tir sous abri à l'épreuve (talus raides permettant de s'installer en casemate à l'extrémité d'une galerie couverts de diverses natures permettant la con-

... d'abris en relief). Un tel dispositif présente
l'avantage non seulement de protéger les servants dans la
position de combat, mais aussi de permettre une intervention instantanée de la mitrailleuse dès que l'ennemi débouche (emplacement d'alerte et emplacement de combat
confondus).

Quand cette solution n'est pas possible, il faut toujours
s'efforcer d'avoir à proximité de l'emplacement de combat
un abri *d'alerte* à l'épreuve, peu profond, donc bétonné,
au moins pour la mitrailleuse et les munitions et, si possible, pour les servants. On aura alors un abri de repos,
un abri d'alerte, un emplacement de combat.

74. Fusil-mitrailleur. — Tire en principe sans installation spéciale, mais il y a toujours avantage à organiser
un emplacement analogue à celui de la mitrailleuse.

75. Fusil. — En cas d'attaque, le voltigeur tire par-
dessus le parapet. En temps normal, les tireurs isolés
tirent par des créneaux.

Autant que possible, le créneau est placé obliquement
par rapport à la tranchée ennemie, afin d'éviter l'enfilade.
L'ouverture extérieure du créneau doit être camouflée,
par exemple au moyen d'un treillis de ficelle (éviter la
forme régulière). L'ouverture intérieure ne doit pas se
projeter sur le ciel ou sur un fond qui contraste avec celui
de la tranchée, afin que l'ennemi ne puisse se rendre
compte si le créneau est occupé ou non. Il est toujours
prudent de suspendre une toile devant l'ouverture intérieure (1).

76. Grenades. — L'aménagement de postes ou estrades
à grenadiers consiste dans l'élargissement de la banquette
de tir à 1 mètre (au lieu de 0^m 50).

Les grenades V. B. ne nécessitent pas d'aménagement
particulier.

77. Engins de tranchée de l'infanterie. — On crée
pour les engins de tranchée des aménagements divers suivant les propriétés et les conditions du service de ces
engins. Il est inutile, en général, d'aménager des emplacements de tir exigeant des travaux importants. Par
contre, il faut disposer de nombreux emplacements, afin
d'exploiter la mobilité du matériel. La mobilité, en même
temps qu'elle augmente l'efficacité, est un élément de
sécurité.

Ces considérations s'appliquent aussi au canon de 37 et
aux mortiers de tranchée.

---

(1) Cette observation s'applique, bien entendu, à tous les créneaux
(tir, de guetteurs, observatoires).

Aménagement des groupes de combat.

78. Le groupe de combat comprend toujours une ou plusieurs armes automatiques.

On détermine d'abord l'emplacement de l'arme ou des armes automatiques d'après la mission donnée à ces armes, puis l'observatoire du Chef de groupe (1).

On détermine ensuite les emplacements des armes auxiliaires.

Il est essentiel que les éléments du groupe de combat ne soient pas trop dispersés, afin que l'action du Chef puisse s'exercer. Si le groupe de combat ne comprend qu'une escouade, l'escouade est groupée autour de l'arme automatique. Si l'effectif est d'une section, on ne détache pas, en général, d'éléments inférieurs à l'escouade. Les éléments détachés ont toujours une mission bien définie subordonnée à celle de l'arme automatique principale (protection dans une direction dangereuse, flanquement).

Dans certain cas, l'arme automatique sera, en raison de son emplacement, dans le rayon d'action de groupes de combat voisins ; il sera alors inutile de lui affecter des éléments de protection spéciaux. Certains groupes de combat pourront ainsi être réduits à des mitrailleuses.

A l'emplacement de combat de chaque élément correspond un abri, à moins qu'il n'y ait un seul abri pour l'ensemble du groupe.

L'organisation du groupe de combat est complétée par les communications reliant entre eux les différents éléments du groupe, puis, s'il y a lieu, par le réseau des défenses accessoires spécial au groupe.

Les communications seront souterraines autant que possible (sûreté des relations entre les divers éléments du groupe de combat, invisibilité). Si l'on ne peut, de prime abord, créer les communications souterraines nécessaires, on se contente pour commencer de communications en surface, mais on entreprend sans retard les communications souterraines.

Le réseau spécial des défenses accessoires, qui a pour objet d'entourer plus ou moins complètement le groupe de combat, doit être particulièrement soigné au point de vue de la dissimulation (on fera souvent usage d'un réseau bas à piquets très espacés et irrégulièrement répartis).

Il faut toujours craindre, dans l'organisation du groupe de combat, de faire apparaître un îlot suspect. Il convient donc, avant de donner le premier coup de pioche, de se représenter la figure qui donnera, au milieu des organisations voisines, la réalisation du plan que l'on vient d'éla-

---

(1) Près de son abri. Ce sera généralement une guérite de guetteur.

ter. On sera ainsi généralement amené à retoucher le plan, à prévoir quelques organisations simulées, etc..., pour mieux noyer le groupe dans l'ensemble.

Les figures 7 et 8 donnent, à titre d'indication, des exemples d'organisation d'un groupe de combat.

Aménagement des zones de contre-attaque.

79. Le déclenchement automatique d'une contre-attaque suppose un plan de contre-attaque préconçu, établi d'après l'hypothèse la plus vraisemblable et ne comportant que des variantes simples.

Le plan de contre-attaque est la base de l'aménagement du terrain pour la contre-attaque.

Cet aménagement comprend essentiellement :

— des abris pour la troupe de contre-attaque ;

— des organes permettant de couvrir et d'appuyer la contre-attaque par le feu.

Les abris doivent remplir les conditions générales indiquées précédemment. S'ils ne sont pas sur la base même de départ de la contre-attaque, ils seront reliés à cette base par de nombreux boyaux.

Tous les travaux nécessaires pour permettre le mouvement de la contre-attaque seront exécutés (gradins de franchissement, passages sur parallèles ou boyaux, couloirs dans les fils de fer).

Les organes de feu consisteront en groupes de combat organisés sur les flancs du front de départ, de façon à pouvoir appuyer le plus longtemps possible la progression de la contre-attaque et à couvrir ses flancs. En outre des mitrailleuses placées en arrière devront pouvoir appuyer la contre-attaque par tir indirect à grande distance.

On s'efforcera de combiner les emplacements des organes de feu et les cloisonnements par défenses accessoires de manière que ceux-ci canalisent la progression de l'ennemi vers des zones favorables à l'action par le feu.

CHAPITRE VI.

L'OBSTACLE.

80. L'obstacle a pour but d'entraver la marche de l'assaillant et de le tenir le plus longtemps possible sous le feu rapproché du défenseur. *C'est en définitive un moyen d'augmenter l'efficacité du feu de la défense.*

On ne conçoit donc pas un obstacle non battu (1), c'est-à-dire non flanqué, puisque le flanquement est le mode le plus général d'emploi du feu dans la défense.

Réciproquement, on a toujours le plus grand intérêt à renforcer l'efficacité d'un élément de feu en arrêtant l'ennemi dans sa zone d'action au moyen d'un obstacle.

En outre un obstacle solide facilite le service de sûreté et enlève à l'ennemi la possibilité d'une attaque par surprise.

On utilise autant qu'on le peut les obstacles naturels (cours d'eau, zones marécageuses, etc.). Mais d'une manière générale l'obstacle est surtout constitué par des obstacles artificiels (*défenses accessoires*).

CARACTÈRES GÉNÉRAUX.

81. L'organisation d'ensemble de l'obstacle résulte des considérations relatives à l'organisation d'ensemble d'une position développées précédemment.

L'obstacle est organisé en profondeur à la demande de la distribution des organes de combat. Il comporte un large compartimentage du terrain *correspondant aux grandes lignes de l'organisation* (parallèles, boyaux), complété par les installations de détail correspondant aux petits groupements tactiques : groupes de combat, points d'appui, etc.

Il importe, dans l'organisation de l'obstacle, d'avoir la préoccupation constante de ne pas fournir à l'ennemi des indications utiles sur le mode d'occupation de la position et, en particulier, de ne pas lui révéler les emplacements d'organes de combat importants.

Dans l'organisation de détail de l'obstacle on s'efforcera de réaliser les conditions suivantes :

1° Assurer le flanquement complet de l'obstacle en l'établissant par grands alignements droits convenablement disposés par rapport aux organes de flanquement ;

2° Permettre une surveillance rapprochée, tout en évitant de laisser à l'ennemi la possibilité de détruire simultanément, avec les mêmes pièces, l'obstacle et les organes de combat situés immédiatement en arrière.

On concilie ces conditions :

— en établissant l'obstacle à une distance variant de 20 à 100 mètres et parfois plus et suivant un tracé *indépendant* de celui des organisations qu'il couvre ;

— par l'emploi d'organes de surveillance (petits postes réunis ou non par une parallèle de surveillance) dont les

---

(1) Il s'agit ici uniquement de l'emploi de l'obstacle sur un terrain aménagé pour le combat. L'obstacle employé seul peut avoir son intérêt dans d'autres circonstances (obstruction de voies de communication dans le seul but de gagner du temps par exemple).

liaisons avec la parallèle principale seront autant que possible dissimulées;

3° Ne pas gêner l'emploi des moyens de combat de la défense et pour cela établir l'obstacle *autant que possible* assez bas pour n'avoir pas à tirer au travers, ce qui diminuerait l'efficacité du feu et même endommagerait l'obstacle dans une mesure non négligeable.

Interrompre l'obstacle à la demande des mouvements prévus pour les contre-attaques, en se ménageant la possibilité d'obstruer en cas de besoin les passages réservés à cet effet;

4° Dérober le plus possible l'obstacle aux investigations des observateurs terrestres et aériens de l'ennemi, afin d'échapper à la destruction et d'obtenir l'effet de surprise:

— soit par le choix de l'emplacement (contre-pente, dépressions naturelles, bois, vignes et cultures diverses, etc.).

— soit par l'implantation de l'obstacle dans une dépression artificielle obtenue en délardant le terrain (1);

— soit par la constitution même de l'obstacle: obstacle bas et peu dense que de faibles ressauts du sol, une végétation peu abondante suffisent à cacher.

Donner à l'obstacle le maximum de résistance aux tirs de destruction de l'artillerie ennemie par la solidité de ses éléments et surtout par sa profondeur (bandes successives séparées par des vides);

5° Établir l'obstacle intéressant un organe de faible étendue de manière à ne pas révéler l'emplacement de cet organe. Tel sera le cas, par exemple, pour certains groupes de combat, points d'appui ou batteries que l'on jugera utile d'entourer d'un obstacle continu: ici il y a lieu de sacrifier la solidité à l'invisibilité. D'ailleurs ce que fait perdre en efficacité une diminution de la solidité peut être compensé dans une large mesure par l'effet de surprise que procure l'invisibilité.

PROPRIÉTÉS DES DIVERS OBSTACLES.

82. On utilise comme défenses accessoires :

Les réseaux de fil de fer,

Les abatis,

Les fougasses,

Les palissades, les palanques, les barricades,

Les inondations, etc.

Cette énumération n'est pas limitative; tout ce qui peut entraver la marche de l'ennemi dans la zone battue par le

---

(1) Procédé exceptionnel en raison des gros travaux de terrassements qu'il entraîne.

feu du défenseur est susceptible, suivant les circonstances, d'être employé comme défense accessoire.

83. Les *réseaux de fils de fer* constituent la meilleure des défenses accessoires; c'est aussi la seule dont l'emploi soit possible sur de grandes étendues.

Ils peuvent être rapidement construits en un point quelconque, car les matériaux nécessaires, légers et peu encombrants, sont d'un transport à pied d'œuvre relativement facile.

Ils peuvent d'ailleurs être établis par éléments préparés à l'avance (chevaux de frises, types divers de réseaux pliants ou démontables).

On peut, en tout terrain, *là où l'on a des raisons de sacrifier la solidité à l'invisibilité,* diminuer autant qu'on le veut leur visibilité, tout en leur conservant une certaine solidité. Ils sont donc d'une adaptation aisée aux conditions tactiques diverses que l'on peut rencontrer.

Leur destruction est possible par le feu des canons et des mitrailleuses, mais elle exige une grande consommation de munitions (1). On augmente notablement leur résistance à la destruction en les disposant par bandes rectilignes non parallèles (de 2 à 4 bandes) de 6 à 8 mètres d'épaisseur, séparées par des vides de 10 à 50 mètres de largeur.

84. Les *abatis,* formés par des arbres ou grosses branches coupés, solidement fixés au sol, avec les branches maîtresses appointées et parfois entremêlées de fils de fer, constituent un obstacle sérieux et difficile à détruire. Mais en raison des difficultés considérables du transport des arbres, leur emploi ne peut être envisagé que dans les bois ou à proximité immédiate des bois.

85. Les *fougasses* sont des charges d'explosifs enterrées qu'on fait exploser au moment où l'assaillant arrive sur leur emplacement. Leur emploi est très restreint parce qu'il est difficile de les conserver intactes sous le feu de l'artillerie et que, d'autre part, la mise de feu en temps opportun est aléatoire, par suite de la destruction possible des conducteurs de mise de feu, ou simplement d'un mauvais fonctionnement de la mise de feu.

86. Les *palissades, palanques* et *barricades* ne sont établies qu'en des endroits non exposés à un tir précis de

---

(1) A titre d'indication il faut :

— environ 500 coups de canon de campagne pour faire une brèche de 25 mètres de largeur dans un réseau de 10 à 15 mètres de profondeur, la distance de tir étant inférieure à 4,000 mètres.

— environ 3,000 cartouches de mitrailleuse pour pratiquer une brèche de 3 à 4 mètres dans un réseau de profondeur quelconque, la distance de tir étant inférieure à 300 mètres.

l'artillerie, et sur de faibles étendues (fermeture de brèches, interdiction de routes, organisation de tambours flanquants dans les localités, etc.).

87. Les *inondations* tendues devant une partie du front d'une position en facilitent beaucoup la défense. Des précautions particulières sont à prendre pour le cas de congélation de la nappe d'eau.

CHAPITRE VII.

ORGANISATION DES BATTERIES.

88. On trouvera, dans l'«Instruction sur l'organisation et la construction des batteries» tous les renseignements nécessaires sur l'organisation des batteries. On se borne ci-après à des indications générales.

CHOIX DES EMPLACEMENTS DE BATTERIES.

89. Le commandant de l'artillerie fixe, d'après les instructions du commandement, la région à occuper par les batteries appelées à remplir une mission déterminée (*position* de batterie). Les commandants de groupes, aidés de leurs commandants de batterie, fixent l'emplacement exact qu'occupera chaque batterie (*emplacement* de batterie).

Dans le choix des emplacements de batteries, on doit tenir compte :

— des facilités de construction, afin de permettre l'ouverture du feu dans le moindre délai possible ;

— des couverts naturels qui défilent aux vues terrestres et aériennes ou facilitent l'organisation de masques artificiels (bois, bordures de routes, chemins creux, anciennes positions d'infanterie, localités, ruines, carrières, etc.) ;

— des conditions d'accès, qui influent sur la rapidité et la sécurité des communications avec la batterie et qui donnent plus ou moins de facilités pour la dérober aux investigations de l'ennemi (ex. : l'établissement en bordure d'une route permet de desservir la batterie sans piste spéciale ; il est avantageux particulièrement pour les batteries à tracteurs dont les déplacements à travers champ sont toujours aléatoires par mauvais temps).

ORGANISATION DES EMPLACEMENTS.

90. L'emplacement sur lequel repose le canon (*terre-plein*) est généralement enfoncé au-dessous du sol naturel, jusqu'à hauteur de genouillère et même plus, s'il n'en résulte pas une hausse minima inadmissible.

Le terre-plein est recouvert ou non d'une casemate. La casemate peut être soit une casemate légère à l'épreuve des éclats, soit une casemate à l'épreuve du coup percutant. Le casematage à l'épreuve du coup percutant n'est entrepris que lorsque l'on dispose de beaucoup de temps et de matériaux.

Le canon repose souvent sur son terre-plein par l'intermédiaire d'une plate-forme en bois ou métallique.

De part et d'autre de chaque terre-plein sont aménagés des abris de bombardement pour le personnel.

Des niches à munitions sont aménagées de même autour des terre-pleins.

Un poste de commandement comportant un poste téléphonique est construit dans la batterie même ou à une aile.

Des boyaux permettent de circuler à couvert dans la batterie; on y dissimule les entrées de niches à munitions souvent plus importantes que celles des terre-pleins.

Cette organisation qui, dans ses grandes lignes, se retrouve à peu près dans tous les types de batterie, est complétée par :

– des abris à munitions aménagés à petite distance des batteries et contenant le complément de leur approvisionnement en munitions;

– des abris à personnel organisés en arrière des batteries en des points moins exposés au tir de l'ennemi;

– des observatoires, postes de signalisation, postes de T. S. F., P. C. des commandants de groupes et de groupements, etc.;

– toutes les liaisons électriques, optiques et par artifices nécessaires.

91. *En outre, toute batterie pour laquelle l'hypothèse d'une attaque rapprochée par l'infanterie ennemie n'est pas à écarter absolument doit être organisée pour la défense rapprochée.*

Cette organisation consistera essentiellement en :

– aménagement d'emplacements de combat pour les servants;

– défenses accessoires aussi peu visibles que possible, afin de ne pas révéler l'emplacement de la batterie;

– niches à munitions pour armes portatives et grenades.

Il sera exécuté de fréquents exercices de branle-bas de combat pour la défense rapprochée.

92. Le camouflage des emplacements de batterie est de la plus grande importance. Le plan de camouflage est arrêté en même temps que le projet d'organisation de la batterie. *Le camouflage est entrepris dès que le tracé de la batterie est arrêté dans ses grandes lignes.*

TITRE III.

COMBINAISON DES ÉLÉMENTS
DE L'ORGANISATION DU TERRAIN.

93. Le commandement conçoit l'organisation; il en ordonne et il en dirige l'exécution. •

La conception se traduit par des *plans d'organisation.*

L'exécution est déterminée par des *ordres* établis dans la même forme que les ordres d'opérations.

La mise en œuvre des organisations est prévue dans les *plans de défense et de. renforcement* établis par le commandement.

94. Les conditions d'exécution sont essentiellement variables avec le terrain et surtout avec la situation tactique.

Une bonne exécution nécessite dans tous les cas :

— la traduction des décisions du commandement en ordres parfaitement clairs;

— une répartition logique des missions entre les différentes armes, répartition visant, en particulier, à utiliser au mieux les aptitudes spéciales des unités du génie;

— le travail par unités constituées;

— une bonne instruction technique de la troupe.

Au combat, l'organisation du terrain devient une véritable manœuvre dont la réussite exige une instruction très poussée des cadres et des troupes.

95. La permanence des plans d'organisation est la condition première d'une réalisation rapide et logique et d'un bon rendement du travail. *Les commandants d'armée sont spécialement chargés de l'assurer. Aucune modification ne doit être apportée aux plans d'organisation sans leur autorisation.*

CHAPITRE PREMIER.

ORGANISATION DU TERRAIN AU COMBAT.

I. — CARACTÈRES DE L'ORGANISATION DU TERRAIN AU COMBAT.

96. **L'organisation du terrain est une opération militaire qui, comme toute autre, ne peut réussir que si elle est conduite. Au combat, l'intervention du commandement à tous les échelons doit être prompte.** — Le combattant exposé au feu travaille dès qu'il s'arrête, mais ses efforts sont inconhérents et déterminés souvent par le seul souci de la protection si le chef n'intervient pas. Une décision prompte fait converger tous les efforts vers un même but, évite les travaux inutiles.

97. **Un travail d'organisation confié à une troupe est une mission de combat, une forme de combat.** — Les devoirs et responsabilités des cadres sont, au travail, du même ordre que dans le combat proprement dit. On travaille comme on se bat : *par unités constituées.*

98. **Il est capital de prendre la supériorité sur l'ennemi dans l'organisation du terrain.** — Dans l'offensive, il faut surprendre l'ennemi par une organisation rapide, qui permettra de l'attaquer de nouveau avant qu'il n'ait eu le temps de se ressaisir. Dans la défensive, il faut gagner l'ennemi de vitesse pour lui opposer au plus tôt des organisations solides.

II. — PLANS D'ORGANISATION. ORDRES D'EXÉCUTION.

99. D'une manière générale, les règles à observer dans la création d'une organisation sont toujours les mêmes, que l'on soit au combat, ou que l'on soit loin de l'ennemi. Ces règles sont développées dans le chapitre II ci-après. Mais les conditions du combat imposent naturellement des variantes dans l'application.

100. Une troupe engagée s'organise là où elle s'arrête, toutes les fois qu'une reprise immédiate du mouvement n'est pas envisagée.

Les organisations créées au cours du combat sont donc d'importance très variable.

101. S'il s'agit d'une organisation à réaliser à la suite d'un arrêt imprévu, les premiers travaux sont nécessairement laissés à l'initiative des petites unités.

Ces premiers travaux découlent d'ailleurs simplement des décisions à prendre automatiquement par tout commandant d'unité dès qu'il prévoit un arrêt de quelque durée, et qui visent :

— l'établissement d'un barrage de feux d'infanterie, où le flanquement doit fournir l'élément essentiel, ce qui suppose le choix d'un emplacement et d'un tracé favorables du front (tracé de la parallèle principale) et la détermination des emplacements des armes automatiques ;

— la mise en ordre du dispositif, en particulier l'échelonnement des troupes d'où découlent les emplacements des parallèles successives et l'organisation du commandement d'où résulte la détermination des groupes de combat, points d'appui, centres de résistance.

Pendant que s'exécutent ces premiers travaux à l'initiative des commandants des petites unités, les échelons supérieurs réunissent les renseignements nécessaires pour établir le plan d'ensemble, dont les grandes lignes sont portées le plus tôt possible, sous forme d'ordre, à la connaissance des échelons subordonnés, afin d'orienter les efforts de tous et d'éviter les travaux qui ne seraient pas en concordance avec l'organisation projetée.

102. S'il s'agit d'organiser le terrain conquis à la suite, soit d'une opération offensive à objectif limité, soit d'un arrêt prévu au cours d'une opération offensive, le plan de l'organisation est arrêté à l'avance et les mesures d'exécution sont insérées dans les ordres d'attaque qui indiquent :

— l'organisation à réaliser et la répartition des missions pour l'exécution des travaux (croquis) ;

- l'ordre d'urgence des travaux ;

— les dispositions prévues pour le ravitaillement en outillage et matériaux.

Ces ordres pourront ne recevoir qu'une exécution incomplète tenant, soit à une connaissance insuffisante du terrain, soit à ce que la situation de fin de combat différera de celle qui avait été prévue. Il appartiendra alors aux échelons subordonnés d'apporter immédiatement au plan les modifications de détail nécessaires ; le commandement supérieur interviendra ensuite, s'il y a lieu, pour rectifier le plan d'ensemble.

III. — CONDUITE DE L'EXÉCUTION.

103. On s'inspirera, dans la conduite de l'exécution, des règles et observations suivantes :

104. Répartition simple des missions. — En principe, on travaille sur place. L'observation de cette règle simple, l'échelonnement des organisations devant correspondre à l'échelonnement des forces.

Exception n'est faite que pour les *unités* appliquées comme renfort à certains travaux particulièrement urgents. Encore faut-il toujours s'efforcer de réduire les déplacements au minimum.

105. Reconnaissance, plan, ordres d'exécution.

Le chef procède à un travail préparatoire de même ordre que pour toute autre opération. Reconnaissance, plan, ordres d'exécution peuvent, dans certains cas, ne donner lieu à aucun document écrit, mais ils doivent toujours précéder la mise en chantier.

On ne mène pas une opération, si peu importante soit-elle, d'après une formule unique. Il en est de même des travaux, même les plus simples. Le chef a, dans chaque cas, le devoir de se rendre compte des conditions particulières dans lesquelles se présente le travail à exécuter et de choisir un procédé d'attaque approprié. Faute de cette précaution, on s'expose aux sanctions qu'entraîne toujours au combat une opération mal préparée : échec, fatigues inutiles, pertes, démoralisation.

106. Ordre d'urgence. — Les travaux à exécuter ne

peuvent être entamés tous à la fois sur tout leur développement. Le but à poursuivre est d'obtenir une réalisation progressive donnant à chaque instant une organisation aussi solide que le permettaient le temps et les effectifs que l'on y a consacrés. Il est pour cela indispensable d'arrêter un ordre d'urgence soigneusement étudié. On se basera, à ce sujet, sur les considérations suivantes :

a) Réaliser le plus tôt possible la continuité des communications (parallèles, boyaux) afin d'assurer au plus tôt l'exercice du commandement, les ravitaillements et les évacuations, les déplacements de forces ;

Il est indispensable d'abréger, par tous les moyens, la période initiale au cours de laquelle on ne dispose que d'organisations fragmentaires. Ces organisations présentent évidemment tous les inconvénients des ouvrages isolés visibles.

Les avantages que semble, à première vue, devoir procurer la suppression de tout aménagement régulier du terrain, au voisinage de l'ennemi (occupation de trous d'obus, etc.), apparaissent absolument illusoires si on les compare aux graves inconvénients qui résultent de l'absence d'organisation.

D'ailleurs, l'existence de parallèles et de boyaux n'exclut nullement l'occupation du terrain en surface au moyen d'éléments détachés aussi peu visibles que possible : ce mode d'occupation est conforme aux principes posés dès le début de l'Instruction;

b) Se couvrir de défenses accessoires à pose rapide, d'abord devant tout le front, puis devant les parallèles successives. Si l'on envisage une stabilisation définitive, renforcer ces défenses accessoires, établir les cloisonnements nécessaires, cercler certains organes essentiels (groupes de combat comprenant des mitrailleuses, etc.);

c) Commencer immédiatement les abris les plus importants (génie, pionniers); aussitôt que le degré d'avancement des parallèles et des boyaux permet des prélèvements sur les unités qui y avaient été employées, appliquer ces disponibilités à la construction d'autres abris ;

d) Régler les ravitaillements en matériaux et outillage d'après l'ordre d'urgence adopté et la marche du travail.

107. Opiniâtreté au travail. — Tant que les parties essentielles de l'organisation ne sont pas réalisées, il faut poursuivre le travail avec opiniâtreté, en demandant à la troupe tout l'effort qu'elle peut donner et en évitant les temps morts.

Il faut s'efforcer de diminuer les pertes de temps dues aux relèves. Il y a un plan de travaux, des ordres d'exécution répartissant les missions : il faut exiger qu'on les exécute, que l'on ne change pas d'orientation à chaque relève, que les consignes soient munitieusement passées. L'impulsion du Commandement doit être d'autant plus énergique et son contrôle d'autant plus serré que les nécessités du combat obligent à des relèves plus fréquentes.

On travaille le plus possible de jour. La situation, l'obligation de ne perdre aucun instant, imposent le travail de nuit; mais il faut se rappeler qu'il existe des procédés pour poursuivre le travail de jour malgré l'ennemi, il faut aussi savoir utiliser toutes les circonstances favorables (brouillard, conditions atmosphériques interdisant l'observation aérienne, etc.). Le travail de jour est d'ailleurs moins fatigant que le travail de nuit; il est aussi d'un rendement meilleur comme quantité et comme qualité.

La situation impose souvent de travailler coûte que coûte malgré le feu de l'ennemi ou la fatigue de la troupe. C'est généralement un mauvais calcul que de suspendre tout travail dans l'espoir de diminuer les pertes par le feu ou par la fatigue. On subira des pertes bien plus lourdes si l'on doit faire face à une attaque avec une organisation insuffisante. On peut obtenir beaucoup, même d'une troupe fatiguée, si l'on sait régler le travail. Le travail est un moyen de remise en mains.

CHAPITRE II.

ORGANISATION DU TERRAIN
EN DEHORS DU COMBAT.

I. — PLAN D'ORGANISATION D'ENSEMBLE
D'UNE POSITION.

108. L'établissement de ce plan répond à la nécessité déterminer tout d'abord le dispositif général de la po[si]on, l'emplacement des principaux organes, avant [en]trer dans le détail de l'organisation de chacun d'eux.

[1]09. Le plan d'ensemble détermine :

le front général de la position;

l'échelonnement général des forces (tracé approximatif [des] diverses parallèles);

[l]e centres de résistance;

[l]a répartition d'ensemble de l'artillerie;

les grandes lignes du réseau des communications;

l'emplacement approximatif des observatoires impor[tants];

l'organisation du commandement;

les grandes lignes du réseau des liaisons électriques et [télépho]niques.

[11]0. Ce plan est établi à la suite d'une étude tactique [du] terrain, dans le cadre de la mission reçue et compte [tenu] de l'effectif moyen jugé nécessaire à la défense de la [posit]ion.

[Cett]e étude tactique, *qui doit précéder tout autre travail,* [est d']abord effectuée sur la carte, puis complétée par des [recon]naissances sur le terrain.

[La] détermination des éléments énumérés ci-dessus est [gui]dée d'après les considérations développées au titre II [en] tenant compte en outre des observations suivantes :

[A. —] **Centres de résistance.** — La détermination des [centres] de résistance est basée sur l'importance relative [des acc]idents du sol et des couverts naturels (villages, [bois]) qui jalonnent la position ainsi que sur les liens qui existent entre ces divers points, en raison de leurs propriétés tactiques et des communications qui les réunissent.

112. Répartition de l'artillerie. — On doit chercher dans la répartition de l'artillerie à faire agir normalement au bénéfice des centres de résistance une quantité d'artillerie proportionnée à l'importance de chacun d'eux tout en s'assurant la possibilité d'effectuer des concentrations de feux sur un point quelconque du front.

Il ne saurait donc être question d'une répartition uniforme le long de la position.

Les positions à choisir dépendent en outre, dans une certaine mesure, du réseau routier.

113. Communications. — L'assiette générale de la position déterminée (centres de résistance, répartition d'ensemble de l'artillerie), on en déduit la densité des voies de communication nécessaires pour desservir les diverses parties du front et comme conséquences :

— les améliorations ou extensions du réseau routier à réaliser, et en particulier les passages supplémentaires à créer sur les obstacles, passages qui ne sauraient être trop nombreux dans la zone d'action possible de l'artillerie ennemie;

— le dessin d'ensemble du réseau de voies étroites à créer;

— les aménagements à prévoir, s'il y a lieu, pour le réseau de voie normale.

114. Organisation du Commandement. — L'organisation du Commandement consiste à grouper les centres de résistance, d'après leurs propriétés tactiques et le réseau de communications, pour constituer les sous-secteurs et les secteurs.

Ce groupement est, en principe, indépendant de l'effectif des troupes qui occupent la position, un renforcement de troupes de défense devant, autant que possible, s'effectuer par simple substitution d'une unité à une unité d'ordre moins élevé (ex. : Corps d'armée relevant une Division).

II — PLAN DÉTAILLÉ.

115. L'établissement du plan détaillé débute par une étude préliminaire sur la carte, mais il résulte surtout de reconnaissances effectuées sur le terrain.

Organisation des centres de résistance.

116. Chaque centre comprend un certain nombre de *points d'appui* répartis dans la largeur et dans la profondeur.

La répartition de ces points d'appui repose sur la nécessité d'une combinaison judicieuse du feu et de la contre-attaque en vue d'assurer la défense propre du centre et de coopérer à la défense des centres voisins.

117. Le feu. — On s'efforcera de réaliser un puissant barrage de feux d'infanterie par l'emploi systématique des armes automatiques en flanquement et l'adoption de dispositions de nature à rendre faciles les *concentrations de feux.*

L'emploi du flanquement et de la concentration de feux, pour porter au maximum la puissance du barrage devant le front du centre de résistance, ne concerne pas seulement les points d'appui de 1re ligne de ce centre, mais aussi, bien entendu, ceux des centres voisins et en outre *tous les points d'appui échelonnés en arrière qui sont en situation de fournir des feux en avant du front.* On ne perdra pas de vue ici que la mitrailleuse est susceptible d'une action très efficace à grande distance.

L'échelonnement en profondeur devra, d'autre part, permettre de reporter les barrages à l'intérieur du centre de résistance en cas de progression de l'ennemi; ces barrages intérieurs seront étudiés et préparés.

118. La contre-attaque. — On examinera les conditions du déclenchement des contre-attaques en combinaison avec le feu, soit pour la conservation du centre de résistance, soit au profit des centres voisins, en partant des hypothèses les plus vraisemblables et en recherchant la conception simple. On sera ainsi conduit à envisager pour les contre-attaques un petit nombre de directions préconçues.

119. Les études concernant l'emploi du feu et le déclenchement des contre-attaques permettront d'arrêter :

les emplacements des points d'appui;

le tracé des parallèles et des boyaux;

le tracé des défenses accessoires (y compris les cloisonnements);

les emplacements des observatoires, des postes optiques, des P. C.;

le plan des liaisons téléphoniques.

Organisation des points d'appui.

120. Les rôles et les emplacements des divers points d'appui une fois déterminés comme il est dit ci-dessus, on règle l'organisation de chacun des points d'appui en :

fixant les missions et emplacements des groupes de combat;

précisant le tracé des éléments de parallèles, de boyaux et défenses accessoires intéressant le point d'appui.

Enfin on arrête les détails de l'organisation de chaque groupe de combat dans l'ordre suivant (voir chapitre V du titre II.) :

— emplacement des armes automatiques (d'après la mission attribuée au groupe de combat);
— emplacement des éléments de protection;
— communications;
— défenses accessoires spéciales au groupe de combat.

Organisation des intervalles.

121. Les centres de résistance, points d'appui et groupes de combat comprennent des zones actives où sont concentrés les moyens de la défense et des intervalles.

Suivant leur étendue, les intervalles ne sont pas occupés ou sont tenus par des forces proportionnellement moins fortes que celles des zones actives.

Les économies ainsi faites permettent d'augmenter les moyens mis en œuvre sur les points les plus importants.

Pour pouvoir réduire ou même supprimer les garnisons des intervalles, il est nécessaire :

1° Que les intervalles soient très bien battus par le feu;

2° Que les défenses accessoires y soient plus denses que dans les zones actives et puissent être surveillées à petite distance;

3° Que les intervalles ne se distinguent en rien, par leur aspect, des organisations voisines : ils doivent d'ailleurs être organisés de manière à pouvoir être occupés le cas échéant.

Les défenses accessoires seront particulièrement renforcées dans les zones où elles peuvent échapper aux vues de l'ennemi.

Communications, aménagements divers.

122. L'organisation de la position est complétée par :

— la création de communications à grand rendement (routes, pistes, voies étroites);

— la création des dépôts de toute nature et des points d'eau nécessaires aux troupes de la défense.

III. ORGANISATION DES POSITIONS SUCCESSIVES.

123. Les positions successives sont toutes organisées d'après les principes exposés ci-dessus.

En outre, des cloisonnements sont créés sur l'ensemble des positions successives comme à l'intérieur d'une position, de manière à localiser les progrès de l'ennemi s'il

...nait à franchir la première position sur une partie du front, et à le contre-attaquer dans des conditions avantageuses.

On utilise tout d'abord à cet effet les points d'appui naturels (villages, bois) qui se trouvent dans les espaces séparant les positions successives.

Certains de ces points d'appui pourront être avantageusement constitués en organes isolés s'il est possible de dérober complètement leur aménagement aux investigations de l'ennemi.

Les travaux seront exécutés dans l'ordre d'urgence suivant : — organes de flanquement, observatoires, postes de guetteurs, abris divers, défenses accessoires, communications et liaisons importantes, emplacements de batteries.

Les parallèles, les boyaux qui sont susceptibles de se dégrader rapidement sous les intempéries, et qui pourront être rapidement exécutés au moment du besoin, surtout si leur tracé est inscrit sur le terrain, seront simplement amorcés (fouilles de 3o à 4o mètres de profondeur). On évitera ainsi de gros travaux d'entretien, qui absorberaient, en pure perte, des effectifs importants.

IV. OUTILLAGE GÉNÉRAL DES SECTEURS.

124. Aux travaux concernant les diverses positions se superposent des travaux d'intérêt général relatifs :

— aux grandes artères du réseau des communications (routes, voies étroites et normales);

— aux liaisons (réseau d'armée; réseau de commandement, réseau général de tir; liaisons par pigeons, etc.);

— aux cantonnements et camps;

— à l'alimentation en eau;

— à la distribution de l'énergie électrique, s'il y a lieu;

— aux installations concernant le fonctionnement des divers services (artillerie, génie, aéronautique, intendance, santé, etc.).

Les plans de ces travaux sont établis par les Chefs des différents services d'après les directives données par le commandement et soumis à son approbation.

V. ORDRES D'EXÉCUTION.

125. Le plan d'ensemble une fois arrêté, comme il a été dit par l'autorité chargée de l'organisation d'une zone déterminée, l'exécution est prescrite aux échelons subordonnés par des ordres concernant :

— les reconnaissances;

— la préparation des travaux;

— l'exécution des travaux.

126. Reconnaissances. — L'ordre prescrivant les reconnaissances aux unités subordonnées donne, pour chaque unité :

— tous les renseignements nécessaires à l'unité sur les lignes générales de l'organisation à réaliser (extrait du plan d'ensemble) ;

— la mission de reconnaissance confiée à l'unité (suivant le cas, étude d'un secteur, d'un sous-secteur, d'un centre de résistance, etc.).

Le résultat de la reconnaissance est présenté sous forme d'un plan détaillé de l'organisation à réaliser.

127. Préparation des travaux. — Les plans des organisations étant approuvés, il s'agit d'en préparer l'exécution de façon que les troupes puissent se mettre au travail sans perte de temps dès leur arrivée à pied d'œuvre.

Les ordres à donner à cet effet concernent :

— la distribution de croquis d'exécution et le piquetage des travaux ;

— la constitution des approvisionnements en matériaux et l'organisation du transport de ces matériaux (qui nécessitera, dans certains cas, la création de communications spéciales, routes ou voies étroites).

— s'il y a lieu, l'aménagement de moyens de stationnement pour les troupes chargées de l'exécution.

Une préparation soignée est indispensable pour la bonne marche des travaux ; on ne peut que perdre du temps à vouloir entamer les travaux sur une préparation insuffisante.

128. Exécution des travaux. — Les ordres donnés pour l'exécution des travaux visent les points suivants :

1° *La mission* attribuée à chacune des unités subordonnées, mission définie par un croquis de l'organisation à réaliser, accompagné de tous renseignements nécessaires sur le rôle des divers éléments de cette organisation, la liaison avec les travaux exécutés par les unités voisines, etc. ;

2° *L'ordre d'urgence* des travaux ;

3° *L'organisation du ravitaillement* en matériaux et outillage (dépôts, organisation des transports, ...) ;

4° *Le stationnement* des unités ;

5° *Le régime de travail* (temps consacré au travail, à l'instruction et au repos).

129. Contrôle de l'exécution. — Le commandement ne doit pas seulement ordonner, il doit encore diriger et contrôler, ou faire contrôler, pendant tout le cours de l'exécution.

Un contact fréquent avec les exécutants est particulière-

[...]il nécessaire pendant la période de mise en train, afin
[d'évi]ter les erreurs et de réaliser sans retard les améliora-
[tio]ns à l'organisation du travail qui seraient reconnues
[né]cessaires.

L'attention des commandants des grandes unités se porte
[pl]us spécialement sur les grandes lignes de l'organisation
[et] en particulier sur la manière dont sont traités les flan-
[q]uements, l'observation, les communications et les liaisons.

CHAPITRE III

PARTICULARITÉS DE L'ORGANISATION
DES VILLAGES ET DES BOIS.

130. — Les villages et les bois sont organisés d'après
les principes généraux exposés précédemment, et en exploi-
[t]ant au maximum leurs propriétés particulières d'après les
[in]dications données ci-après.

131. Organisation des villages. — Les villages four-
[n]issent de bons couverts contre les vues terrestres et
[aé]riennes. Cette propriété doit être tout d'abord mise à
[p]rofit pour la création d'organisations insoupçonnées de
[l']ennemi et en particulier d'organes de feu fortement pro-
[té]gés et dans lesquels la position de combat et la position
[d']alerte peuvent être confondues, circonstance particuliè-
[re]ment favorable, comme il a été dit précédemment.

[L]es villages offrent des obstacles qu'il est facile d'amé-
[na]ger et de renforcer; il est par suite possible d'y canaliser
[la] progression de l'ennemi et de la rendre très pénible par
[de]s combinaisons appropriées de l'obstacle et du feu (flan-
[que]ment, enfilade).

[L]es conditions se prêtent particulièrement à l'emploi de
[poi]nts d'appui, de groupes de combat, organisés de ma-
[niè]re à constituer des réduits susceptibles de se suffire à
[eux]-mêmes et de tenir longtemps même lorsqu'ils sont
[ent]ourés. Elles permettent ainsi de défendre l'intérieur
[d'u]n village avec peu de monde et de consacrer le gros des
[eff]ectifs aux contre-attaques intérieures et surtout exté-
[rieu]res.

[O]n parera au danger d'enveloppement en organisant de
[puis]sants flanquements au moyen d'armes automatiques
[à l']abris à l'épreuve, de points d'appui échelonnés en pro-
[fond]eur et battant les intervalles, et en préparant soigneu-

sement le déclenchement des contre-attaques en combinaison avec le feu des organes de flanquement et de l'artillerie.

Les considérations qui précèdent permettront de déterminer les emplacements des groupes de combat ou points d'appui intérieurs, les emplacements des organes destinés à battre les flancs, enfin ceux des éléments destinés aux contre-attaques.

On trouvera, en général, dans un village des facilités particulières pour l'exécution (matériaux abondants à pied d'œuvre, caves susceptibles d'être aménagées en abris (1), bonnes communications avec l'arrière, possibilité de poursuivre certains travaux de jour même près de l'ennemi).

Les abris méritent une attention spéciale.

Les troupes de défense intérieure étant peu nombreuses, on n'aura pas besoin de beaucoup d'abris dans le village. Mais, on donnera à ces abris une solidité particulière, les localités étant exposées à des tirs systématiques de pièces de très gros calibres. En outre, on s'efforcera de réunir les groupes de combat ou points d'appui entre eux et si possible avec l'extérieur du village par des communications souterraines (ces communications pourront parfois être obtenues en réunissant les caves entre elles).

Des abris pour les troupes de contre-attaque seront aménagés sur les flancs.

Les points d'eau (puits, sources) seront protégés par des abris à l'épreuve.

132. Organisation des bois. — Comme les villages, les bois fournissent un couvert contre les vues terrestres et aériennes et opposent un obstacle à la progression de l'ennemi.

Ces avantages ne résistent pas, il est vrai, à un bombardement prolongé; ils n'en sont pas moins d'une grande importance et il faut en tirer le maximum de bénéfice.

On traitera l'organisation des bois d'abord comme si le couvert et l'obstacle qu'ils procurent étaient indestructibles, puis on complétera cette organisation par les aménagements qui deviendraient utiles une fois le bois détruit.

La première phase comportera :

— la création de points d'appui et de groupes de combat en vue de flanquer la lisière, d'interdire les chemins de pénétration, d'arrêter la progression de l'ennemi à l'intérieur du bois (organes de feu échelonnés à l'intérieur) (2).

---

(1) Les caves devront, en général, être fortement renforcées.

(2) L'emploi d'abris en relief à l'épreuve pour l'armement est ici, comme dans les villages, parfaitement indiqué, car même si l'ennemi entreprend la destruction du bois, il lui faudra généralement beaucoup de temps pour repérer ces organes qui auront par suite bien des chances de jouer un rôle utile.

— la création des aménagements nécessaires pour le déclenchement des contre-attaques (abris, communications).

— la création de défenses accessoires; bandes de défenses accessoires en lisière; bandes disposées en zig-zag à l'intérieur, tracées de manière à être flanquées par les organes de feu et à canaliser la progression de l'ennemi vers des zones puissamment battues; bandes réunissant les lignes successives de manière à cloisonner le bois; cerclage des points d'appui, groupes de combat, etc.

— l'amélioration du réseau des communications, qui est généralement très insuffisant dans les bois.

On s'abstiendra d'une façon absolue de déboiser, car les déboisements fourniraient à l'ennemi des indications précieuses sur les parties du bois organisées. Pour la même raison, on ne fera des débroussaillements qu'avec prudence. La surveillance et le flanquement des organisations en seront rendus plus difficiles, mais la dotation de l'infanterie en armes automatiques permet de faire face à ces difficultés.

Dans la deuxième phase, qui devra suivre immédiatement la première, on établira la continuité des organisations dans les mêmes conditions qu'en terrain découvert, en en réunissant les divers éléments au moyen de parallèles et de boyaux.

Les communications enterrées, dont on peut se passer sous bois en temps ordinaire, deviendraient en effet immédiatement nécessaires en cas d'attaque.

CHAPITRE IV.

ENTRETIEN DES POSITIONS.

---

133. L'entretien des positions autres que la première ne demandera que des travaux peu importants si, comme il a été dit précédemment, on s'est limité dans l'organisation de ces positions aux éléments les plus importants (organes de flanquement, abris, défenses accessoires, etc.), qui sont peu susceptibles de se dégrader.

Par contre, sauf en terrain particulièrement favorable, la première position nécessite des travaux d'entretien constants. Les intempéries constituent pour elle, et particulièrement pour les parallèles et les boyaux, un ennemi souvent plus redoutable que le feu.

Or le bon entretien de la position est de la plus grande

importance, car il intéresse à la fois la valeur militaire de la position et la conservation des effectifs.

On ne saurait donc apporter trop de soin à l'organisation et à l'exécution des travaux d'entretien.

Les règles essentielles à observer à cet égard sont indiquées ci-après :

— répartition nette des missions (délimitation précise des zones d'entretien : à chaque unité l'entretien de la zone qu'elle occupe; l'échelon supérieur assure l'entretien en arrière);

— continuité dans les travaux (de menus travaux d'entretien régulièrement exécutés en évitent de grands pour l'avenir);

— établissement d'un plan d'ensemble s'appliquant à des parties étendues de la position pour les travaux qui ne peuvent sans inconvénients être laissés complètement à l'initiative des petites unités : tel est le cas pour l'évacuation des eaux; il est établi un *plan d'évacuation des eaux* par secteur de division;

— spécialisation de la main-d'œuvre pour certains travaux courants, notamment pour l'entretien des boyaux (postes de cantonniers).

CHAPITRE V.

RÉPARTITION DES MISSIONS
ENTRE LES DIFFÉRENTES ARMES.

134. Les travaux courants d'organisation du terrain incombent à *l'infanterie*.

Par travaux courants, il faut entendre non seulement les parallèles, boyaux et défenses accessoires, les travaux d'entretien, mais aussi les abris du type ordinaire : toute unité d'infanterie doit être à même de construire par ses propres moyens les abris dont elle a besoin.

135. Les *sapeurs-pionniers* des corps de troupe sont chargés des travaux les plus délicats et des travaux d'intérêt général de leur secteur nécessitant une certaine habileté (P. C., postes de secours, postes de guetteur, observatoires). Ils doivent en outre être en mesure d'établir des passages sur des brèches peu étendues et d'exécuter des destructions simples au moyen d'explosifs.

L'organisation des batteries incombe à l'artillerie.

Les *unités du Génie* ne sont employées qu'aux seuls travaux d'organisation du terrain qui exigent une habileté technique dépassant celle des sapeurs-pionniers d'infanterie ou que ceux-ci ne pourraient exécuter faute d'un outillage suffisant.

Confier aux compagnies du Génie des travaux qui peuvent être exécutés par l'infanterie, c'est vivre au jour le jour, préférer un résultat immédiat, mais minime (le Génie ne peut apporter, pour les travaux courants, qu'une aide insignifiante à l'infanterie) à des résultats plus lointains il est vrai, mais beaucoup plus importants.

Pour obtenir des unités du Génie tout le rendement dont elles sont susceptibles, il faut :

appliquer systématiquement aux points spéciaux de l'organisation (organes comportant un grand développement de travaux souterrains, ou des travaux de béton, observatoires, abris importants, etc.) toutes les unités qui ne sont pas employées à d'autres travaux spéciaux du génie (ponts, mines...);

employer le Génie par compagnies entières ou tout au moins par fractions constituées bien encadrées;

le pourvoir d'engins mécaniques appropriés partout où l'emploi de ceux-ci peut être avantageux.

En combat, les unités du Génie sont chargées des travaux de communications et de destructions. Elles peuvent, en outre, participer à l'organisation des positions.

Là encore, la répartition des missions est faite d'après les principes exposés plus haut :

appliquer les unités du Génie aux travaux qui demandent une habileté dépassant celle du fantassin.

éviter de les morceler; chaque fois que l'on détache une fraction, il faut que ce soit en vue d'un emploi probable et d'une mission utile.

CHAPITRE VI.

MISE EN ŒUVRE DES ORGANISATIONS.
PLAN DE DÉFENSE.
PLAN DE RENFORCEMENT.

Une organisation n'a de valeur que par l'emploi qu'en fait le Chef.

Le Chef, quel que soit son grade, doit avoir un plan d'emploi.

Le plan de défense comprend deux parties :

1° Prévisions concernant l'emploi des moyens dont on dispose immédiatement : c'est le *plan de défense proprement dit* ;

2° Prévisions concernant l'emploi de moyens renforcés en cas d'attaque importante : c'est le *plan de renforcement*.

139. Le plan de renforcement nécessite des travaux se rapportant à la mise en œuvre des moyens supplémentaires à recevoir (infanterie, artillerie, aéronautique). Ces travaux font l'objet d'un chapitre spécial du plan de renforcement. Ils consisteront, d'une manière générale, dans :

– l'établissement d'un système de liaisons adapté à la nouvelle organisation du commandement à prévoir (organisation qui se déduira autant que possible de l'ancienne par simple substitution à chaque unité d'une unité d'ordre supérieur) ;

– l'extension du réseau des communications, l'outillage de ces communications en vue d'un trafic intense ;

– le renforcement du dispositif d'artillerie : création d'observatoires supplémentaires, extension du réseau d'artillerie, développement du réseau de voies étroites, organisation de nouveaux abris à munitions, organisation d'emplacements de batterie supplémentaires ;

– renforcement des organisations défensives : création d'organes de feu échelonnés en profondeur, solidement protégés et dissimulés (groupes de combat en plein champ), amélioration du réseau d'observation et de surveillance (observatoires et postes de guetteurs à l'épreuve), création de communications souterraines, création d'abris nouveaux, renforcement des défenses accessoires, etc.

C'est aux gros travaux de renforcement des organisations défensives que seront spécialement employées les unités du Génie.

CHAPITRE VII.

INSTRUCTION DES CADRES ET DES TROUPES.

140. *Les officiers et grades de toutes armes* doivent posséder parfaitement les principes et procédés d'exécution exposés dans la présente Instruction (1re et 2e Parties) dont la connaissance leur est nécessaire pour concevoir et

sans hésitation les travaux qui peuvent incomber à
elle.

141. *La troupe* doit être rompue à l'exécution des éléments constitutifs des travaux courants :

— tranchée et sape,

— galerie de mine,

— fascinages,

— réseau de fil de fer,

— aménagements des tranchées et des sapes.

Ces travaux constituent en quelque sorte le maniement d'armes de l'organisation du terrain (1); ils doivent être enseignés avec la même rigueur. Ici comme dans le maniement d'armes, une brève indication du Chef doit être suffisante pour déterminer l'exécution.

142. *Les officiers du Génie et les officiers chefs des pelotons de sapeurs-pionniers* doivent être en mesure de diriger tous les travaux spéciaux prévus dans l'Instruction (à l'exception, pour les chefs des pelotons de sapeurs-pionniers, des gros travaux qui présenteraient des difficultés particulières tenant à la nature du terrain, par exemple, de ceux qui comporteraient l'emploi d'engins mécaniques peu répandus, etc.).

L'instruction technique des gradés et des soldats des unités du Génie et de sapeurs-pionniers est dirigée de manière à en faire réellement des spécialistes aptes aux travaux les plus délicats.

143. Cadres et troupes de toutes armes doivent être instruits en vue de l'organisation du terrain au combat.

L'organisation du terrain au combat est une manœuvre dont la réussite ou l'échec sont susceptibles d'avoir des conséquences décisives. On s'y heurte à des difficultés du même ordre que dans tout autre acte de guerre; chefs et troupes ont à y faire preuve de qualités analogues : pour le chef, aptitude à concevoir rapidement une organisation répondant à la situation; pour la troupe, exécution pour ainsi dire instinctive, répondant avec aisance à la volonté du chef.

144. L'aptitude des unités à l'organisation du terrain au combat doit être développée par des applications exécu-

---

(1) Question spécialement traitée dans la deuxième partie de l'Instruc-

tées au cours des exercices de combat (1). Tout exercice de combat doit comporter l'étude et autant que possible au moins un commencement d'exécution des travaux correspondant à la situation supposée. (Voir à ce sujet la deuxième partie de l'Instruction.)

Au Grand Quartier Général,

Le 22 août 1917.

PÉTAIN.

---

(1) Seuls certains travaux élémentaires font l'objet de séances séparées.

EXEMPLE D'ORGANISATION

POUR GROUPE DE COMBAT EN PREMIÈRE LIGNE.

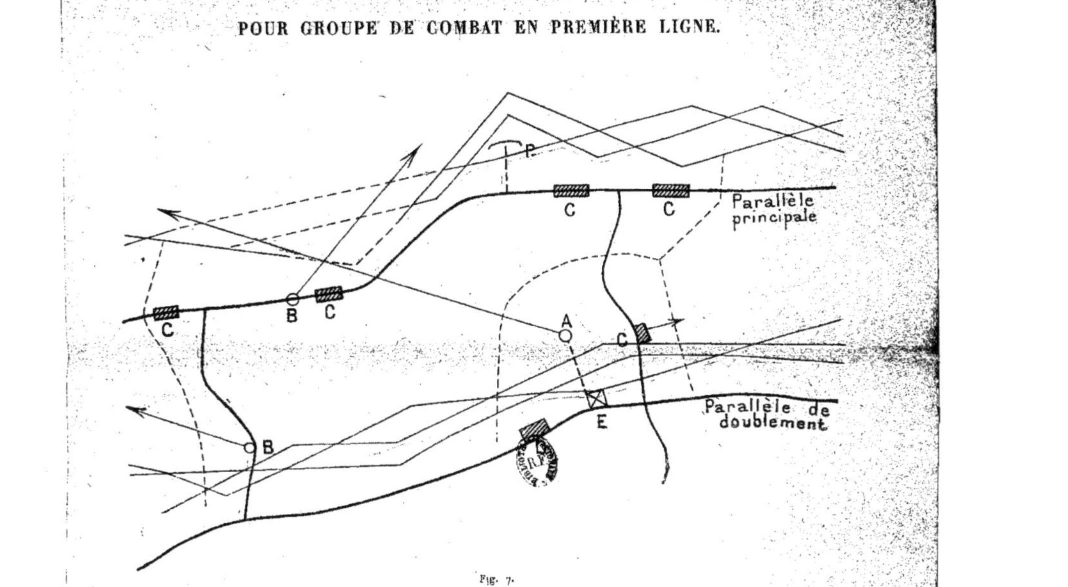

Fig. 7.

A	Emplacement de mitrailleuse.
B	Emplacement de fusil-mitrailleur.
C	Poste de grenadiers et voltigeurs.
D	Poste de grenadiers V. B.
E	P. C. du commandant du groupe de combat, avec observatoire.
P	Poste de surveillance

———— Communication en galerie.

————— Réseau de fil de fer.

— — — — Réseau de fil de fer (bas).

EXEMPLE D'ORGANISATION

POUR GROUPE DE COMBAT ÉTABLI ENTRE DEUX PARALLÈLES.

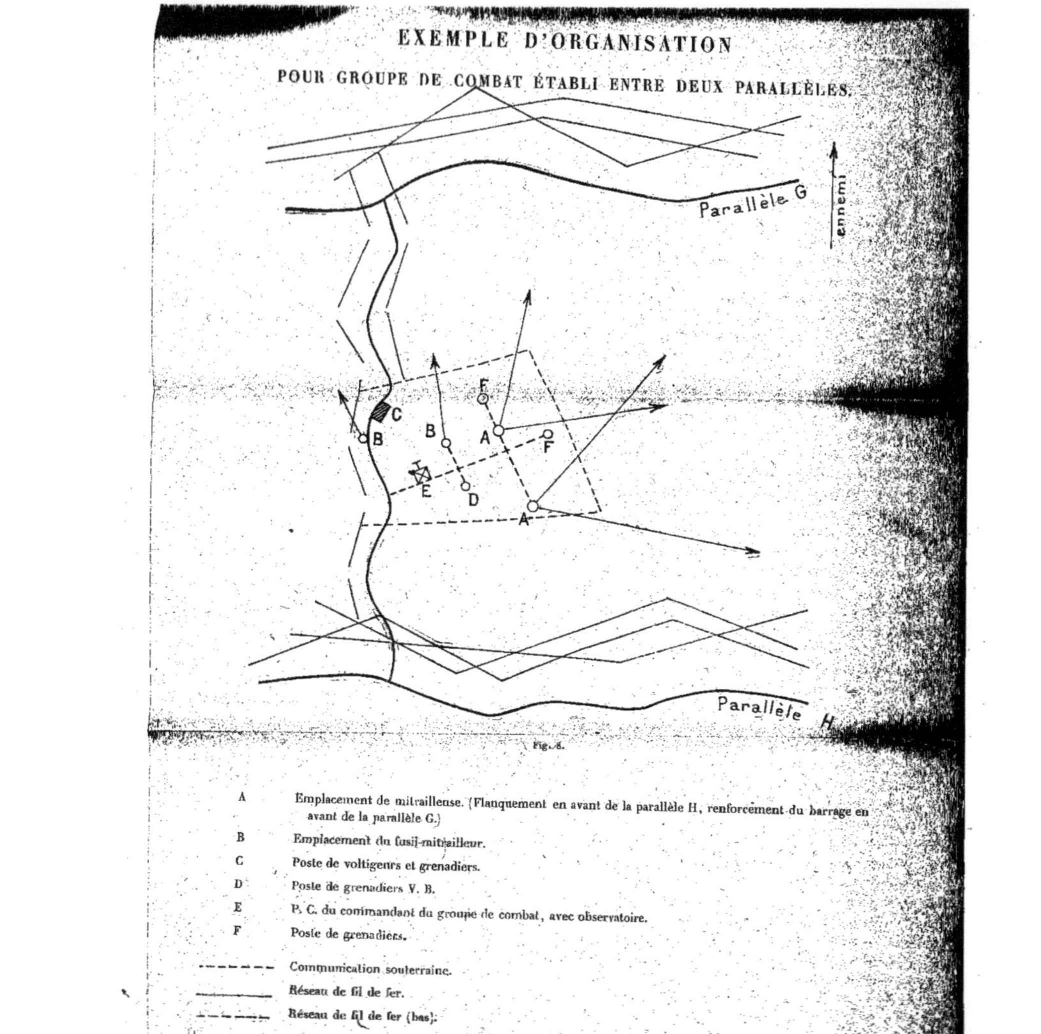

A — Emplacement de mitrailleuse. (Flanquement en avant de la parallèle H, renforcement du barrage en avant de la parallèle G.)

B — Emplacement du fusil-mitrailleur.

C — Poste de voltigeurs et grenadiers.

D — Poste de grenadiers V. B.

E — P. C. du commandant du groupe de combat, avec observatoire.

F — Poste de grenadiers.

- - - - - Communication souterraine.

——— Réseau de fil de fer.

-·-·- Réseau de fil de fer (bas).